Gestão de recursos hídricos

Gestão de recursos hídricos

Stela de Almeida Soares

Rua Clara Vendramin, 58 . Mossunguê
CEP 81200-170 . Curitiba . PR . Brasil
Fone: (41) 2106-4170
www.intersaberes.com
editora@intersaberes.com

Conselho editorial ◙ Dr. Alexandre Coutinho Pagliarini | Drª Elena Godoy | Dr. Neri dos Santos | Dr. Ulf Gregor Baranow
Editora-chefe ◙ Lindsay Azambuja
Gerente editorial ◙ Ariadne Nunes Wenger
Assistente editorial ◙ Daniela Viroli Pereira Pinto
Preparação ◙ Entrelinhas Editorial
Capa e projeto gráfico ◙ Sílvio Gabriel Spannenberg
Diagramação ◙ Capitular Design Editorial

Dados Internacionais de Catalogação na Publicação (CIP)
(Câmara Brasileira do Livro, SP, Brasil)

Soares, Stela de Almeida
    Gestão de recursos hídricos/Stela de Almeida Soares. Curitiba: InterSaberes, 2015.

    Bibliografia.
    ISBN 978-85-443-0166-1

    1. Água – Uso 2. Gestão ambiental 3. Recursos hídricos – Desenvolvimento I. Título.

15-01256   CDD-333.91

Índices para catálogo sistemático:
1. Recursos hídricos: Gestão 333.91

1ª edição, 2015.
Foi feito o depósito legal.

Informamos que é de inteira responsabilidade da autora a emissão de conceitos. Nenhuma parte desta publicação poderá ser reproduzida por qualquer meio ou forma sem a prévia autorização da Editora InterSaberes.
A violação dos direitos autorais é crime estabelecido na Lei n. 9.610/1998 e punido pelo art. 184 do Código Penal.

SUMÁRIO

8   Apresentação

10   Como aproveitar ao máximo este livro

Capítulo 1

15   Importância e aplicações da hidrologia no manejo ambiental

15   1.1 Conceito de hidrologia

16   1.2 Importância da hidrologia para o meio ambiente

17   1.3 Breve histórico

19   1.4 Aplicações da hidrologia no manejo ambiental

Capítulo 2

25   O ciclo das águas: conceitos e componentes

25   2.1 Ciclo hidrológico: conceito

28   2.2 Os componentes do ciclo da água

30   2.3 As bacias hidrográficas e sua influência sobre o ciclo da água

39   2.4 Classificações de bacias hidrográficas

40   2.5 Importância da bacia hidrográfica

41   2.6 O manejo das bacias hidrográficas

43   2.7 Formação, previsão e tipos de chuvas

49   2.8 Classificação das chuvas e suas características

51   2.9 Conceitos dos tipos de chuvas

Capítulo 3

57 O escoamento superficial, as enchentes e as ocupações nas bacias hidrográficas

57 3.1 Escoamento superficial: características, componentes, conceitos e formação

58 3.2 Processo físico associado ao escoamento superficial

59 3.3 Ocorrências e quantificação do escoamento superficial

59 3.4 Fatores que influenciam no escoamento superficial

59 3.5 Grandezas associadas ao escoamento superficial

62 3.6 Estimativas do escoamento superficial

68 3.7 Consequências do escoamento superficial

Capítulo 4

79 Caracterização dos recursos hídricos superficiais e previsão de eventos extremos

79 4.1 Caracterização dos recursos hídricos superficiais de uma bacia

80 4.2 Individualização da bacia hidrográfica

81 4.3 Características fisiográficas

93 4.4 Dados básicos para planejamento de bacias hidrográficas

94 4.5 Métodos para previsão de eventos extremos: enchentes

95 4.6 Estatística aplicada à hidrologia

Capítulo 5

113 Distribuição e demanda de água no Brasil e no mundo e os aquíferos

113 5.1 Distribuição e demanda de água no planeta Terra

117 5.2 Distribuição e demanda de água doce no Brasil

119 5.3 Tipos de água: minerais, superficiais e subterrâneas

121 5.4 Aquíferos

125 5.5 Os recursos hídricos: uso e cuidados

Capítulo 6

135 Qualidade e legislação das águas

135 6.1 Padrões de qualidade da água

136 6.2 Classificação das águas

146 6.3 Legislação das águas: um breve histórico

156 Para concluir...

158 Referências

176 Respostas

182 Sobre a autora

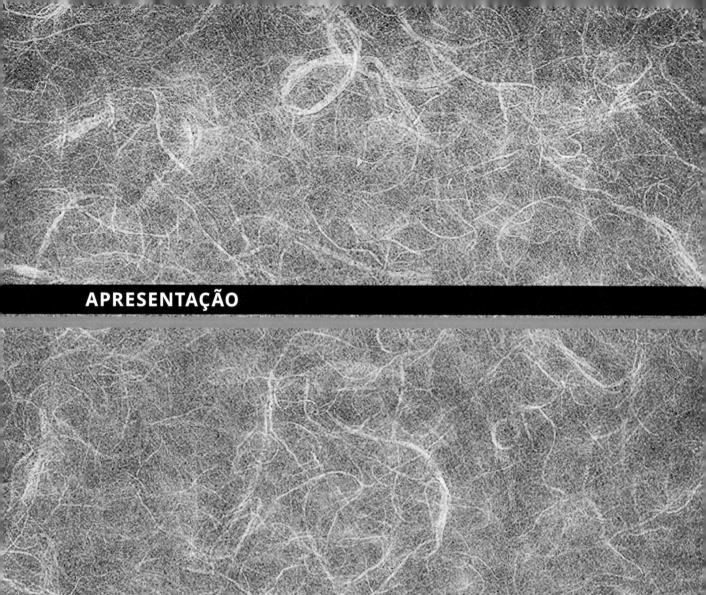

APRESENTAÇÃO

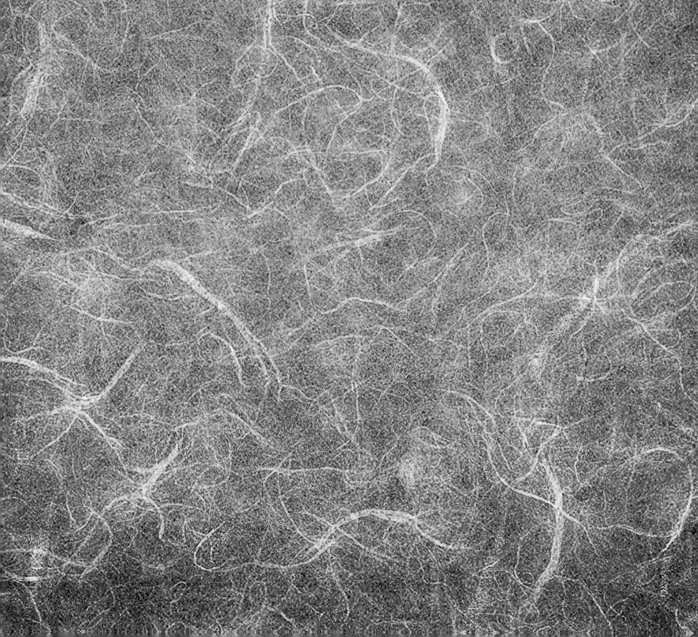

Esta obra visa contribuir com dados, fatos e métodos de manejo da gestão de recursos hídricos, atividade que requer conhecimentos e, principalmente, profissionais qualificados para lidar com a realidade desses recursos no Brasil. Atualmente, no cenário do desenvolvimento econômico, é essencial uma análise dos modelos vigentes de gerenciamento dos recursos hídricos, de seus avanços e problemas de implementação.

Dessa forma, visando apresentar proposições ao seu aprimoramento, neste livro demonstramos um modelo de gestão das águas com ênfase nos aspectos de regulação e controle. Para isso, no Capítulo 1 estabelecemos a importância e as aplicações da hidrologia no manejo ambiental, ciência que pretendemos demonstrar ao gestor como aplicar.

No Capítulo 2, vamos direto ao tema do livro, descrevendo sucintamente o ciclo da água, seus conceitos e componentes, além de aprofundar o conceito de *bacias hidrográficas*, uma vez que, para gerenciar algo, é necessário, primordialmente, conhecer seu objeto de gestão.

No Capítulo 3, discorremos sobre o escoamento superficial, as enchentes, as causas e os efeitos das ocupações nas bacias hidrográficas. Na sequência, no Capítulo 4, apresentamos os modelos matemáticos de previsão de eventos extremos, tais como enchentes e/ou secas, e caracterizamos os recursos hídricos superficiais.

Por fim, nos capítulos 5 e 6, indicamos a distribuição e a demanda de água no Brasil e no mundo, bem como a importância do conhecimento e da gestão dos aquíferos, além de discutirmos os parâmetros da qualidade das águas e suas leis.

Esperamos que cada leitor faça uma leitura criteriosa sobre o tema *gestão de recursos hídricos*, para que, assim, tenha mais uma ferramenta para seu aprimoramento profissional, pessoal e ambiental.

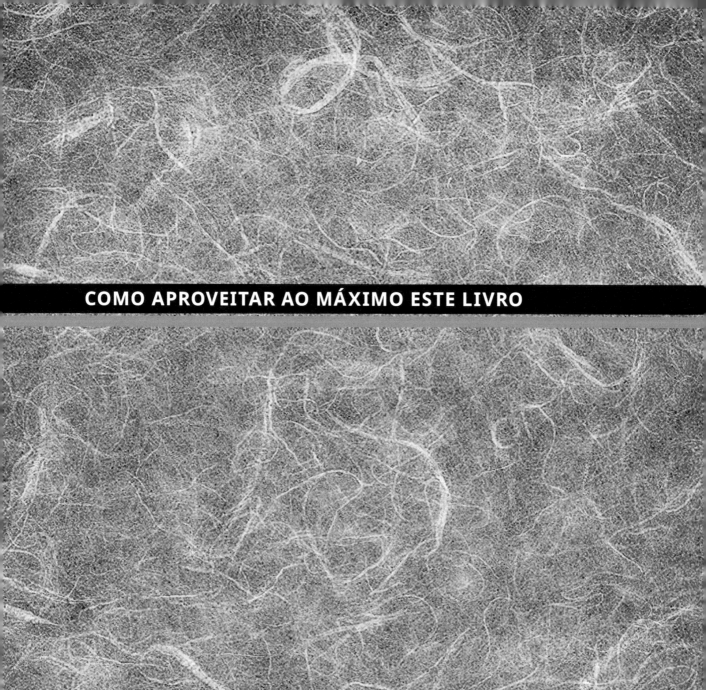

COMO APROVEITAR AO MÁXIMO ESTE LIVRO

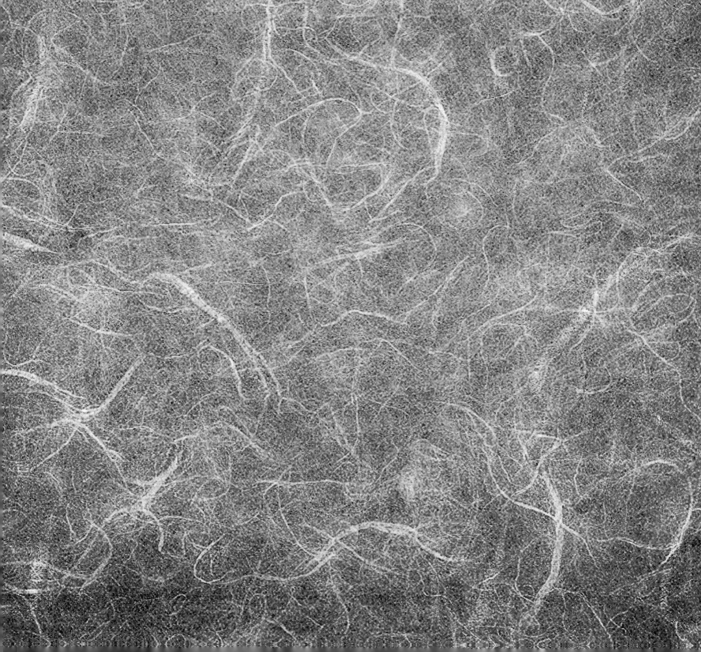

Este livro traz alguns recursos que visam enriquecer o seu aprendizado, facilitar a compreensão dos conteúdos e tornar a leitura mais dinâmica. São ferramentas projetadas de acordo com a natureza dos temas que vamos examinar. Veja a seguir como esses recursos se encontram distribuídos no decorrer desta obra.

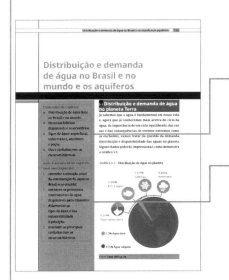

Conteúdos do capítulo
Logo na abertura do capítulo, você fica conhecendo os conteúdos que serão abordados.

Após o estudo deste capítulo, você será capaz de:
Você também é informado a respeito das competências que irá desenvolver e dos conhecimentos que irá adquirir com o estudo do capítulo.

Estudo de caso

Esta seção traz ao seu conhecimento situações que vão aproximar os conteúdos estudados de sua prática profissional.

Síntese

Você dispõe, ao final do capítulo, de uma síntese que traz os principais conceitos nele abordados.

Questões para revisão

Com estas atividades, você tem a possibilidade de rever os principais conceitos analisados. Ao final do livro, a autora disponibiliza as respostas às questões, a fim de que você possa verificar como está sua aprendizagem.

Questões para reflexão

Nesta seção, a proposta é levá-lo a refletir criticamente sobre alguns assuntos e a trocar ideias e experiências com seus pares.

Para saber mais

Você pode consultar as obras indicadas nesta seção para aprofundar sua aprendizagem.

Capítulo 1

Importância e aplicações da hidrologia no manejo ambiental

Conteúdos do capítulo

- Conceito de hidrologia.
- Histórico da hidrologia.
- A importância da hidrologia para o meio ambiente.
- Aplicações da hidrologia na gestão ambiental.

Após o estudo deste capítulo, você será capaz de:

1. conhecer as características do chamado *solvente universal*;
2. analisar alguns conceitos, como *recursos hídricos* e *hidrologia*;
3. conhecer alguns fatos da história da hidrologia no Brasil e no mundo;
4. compreender a importância da hidrologia para o meio ambiente, bem como suas aplicações no manejo ambiental.

1.1 Conceito de hidrologia[1]

A hidrologia é a ciência que estuda a água, suas propriedades físicas e químicas, os processos que interferem na sua ocorrência, distribuição, circulação e comportamento na atmosfera, na superfície terrestre e no subsolo, além de suas reações com o meio. Pode ser considerada uma ciência multidisciplinar, pois subdivide-se em hidrometeorologia, que estuda a água na atmosfera; hidrologia de superfície, que estuda as águas superficiais; e hidrogeologia, que estuda as águas subterrâneas.

Com a incorporação da visão holística, incluindo os aspectos ambientais, a hidrologia vem se aprofundando e se dividindo em subáreas do conhecimento, como a geomorfologia, que avalia o relevo de bacias hidrográficas de forma quantitativa, entre outras (Silva; Mello, 2013).

Por razões práticas, no entanto, essa ciência se restringe a alguns de seus aspectos, não cobrindo, por exemplo, todo o estudo sobre os oceanos, que são uma

---

1 A palavra *hidrologia* é originada das palavras gregas *hydor*, que significa "água", e *logos*, que significa "ciência". Hidrologia é, pois, a ciência que estuda a água. Dessa forma, a hidrologia é o estudo da água em todas as suas formas (sólida, líquida e gasosa) sobre e sob a superfície da Terra, incluindo sua distribuição, sua circulação, seu comportamento, suas propriedades físicas e químicas e suas reações com o meio (Adaptado da definição proposta pelo US Federal Council for Sciences and Technology, citado por Chow, 1954; Chow; Maidment; Mays, 1988).

incumbência da oceanografia. Em contrapartida, está apenas integrada às outras subáreas, como a hidrologia médica, que se preocupa com os usos médicos da água; a botânica, que estuda o fenômeno de transporte de água por meio dos vegetais; e a zoologia, que também estuda o equilíbrio osmótico e/ou a água nos animais. Assim, a hidrologia deve ser entendida como parte dessas ciências.

Enquanto a hidrologia é uma ciência propriamente relacionada à água, a hidrografia descreve as características físicas e as condições desta na superfície da Terra – em especial, as massas de água para navegação. Já a hidrometria consiste na medição das grandezas que interessam ao estudo da água na natureza, como vazões (líquidas e sólidas), níveis em rios, lagos e represas, índices pluviométricos (chuva), entre outros parâmetros. A hidrometria pode ser aplicada também a medições em estações de tratamento de água ou de esgoto.

Apresentados esses conceitos, vejamos a seguir quais suas associações às informações sobre a importância e as aplicações da hidrologia no manejo ambiental.

1.2 Importância da hidrologia para o meio ambiente

O acelerado processo de crescimento e desenvolvimento da sociedade tem contribuído com uma intensa degradação do ambiente, em especial dos recursos hídricos (Carvalho; Brumatti; Dias, 2012). Por isso, foram criados mecanismos para a gestão de recursos hídricos, a fim de possibilitar o uso sustentável da água diante das mais diversas necessidades e também da conservação do meio ambiente (Figura 1.1). Segundo Carvalho, Brumatti e Dias (2012, p. 148),

> a água é um elemento essencial para a vida, sendo que todo seu valor pode ser avaliado pelos diversos usos a que ela se destina; além de ser um importante componente do organismo humano, tem relevância social, econômica e ambiental, é matéria-prima para inúmeros processos industriais, gera energia, faz parte do ciclo produtivo vegetal e é via de transporte, entre outras funções.

Figura 1.1 – Um exemplo de recurso hídrico: as Cataratas do Iguaçu

Crédito: Fotolia

Assim, a gestão de recursos hídricos pode ser definida como um conjunto de ações destinadas a regular o uso, o controle e a proteção da água em conformidade com a legislação e as normas pertinentes. Ela integra projetos e atividades com o objetivo de promover a recuperação e a preservação da qualidade e da quantidade de recursos das bacias hidrográficas brasileiras, atuando na recuperação e na preservação de nascentes, mananciais e cursos d'água em áreas urbanas (Paraíba, 2007).

> Os recursos hídricos compreendem as águas superficiais ou subterrâneas disponíveis para qualquer tipo de uso, localizadas nas mais diversas regiões ou bacias (Cabral et al., 2001).

Ainda para Carvalho, Brumatti e Dias (2012, p. 148),

> o planejamento e a gestão dos recursos hídricos têm como principais preocupações minimizar os impactos do uso do solo e eliminar, por meio da reflexão sobre a importância da proteção dos recursos hídricos e realização de atividades educativas e conscientizadoras, o descaso presenciado a cada dia com a água, devido ao uso inadequado desse recurso pelo homem.

Nesse sentido, torna-se fundamental ao gestor conhecer os recursos hídricos, tema extremamente interessante e útil também a todos os demais cidadãos.

1.3 Breve histórico

Os gregos foram os primeiros filósofos a estudarem seriamente a hidrologia. Para Aristóteles – que sugeriu que os rios eram alimentados pelas chuvas –, a maior dificuldade era explicar a origem da água subterrânea. Somente na época de Leonardo da Vinci (por volta de 1.500 d.C.) a ideia da alimentação dos rios pela precipitação começou a ser aceita. Antes do final do século XVII, por exemplo, acreditava-se que a água das nascentes não poderia ser originada das chuvas por duas razões: a) acreditava-se que as chuvas não eram suficientes; e b) que a terra era demasiadamente impermeável para possibilitar a infiltração e a percolação da água das chuvas.

Com base nessas suposições, os filósofos devotaram muito tempo no estabelecimento de hipóteses para explicar a origem da água das nascentes e dos rios. No entanto, foi apenas no ano de 1694 que Perrault, por meio de medidas pluviométricas na bacia do Rio Sena, demonstrou quantitativamente que o volume precipitado ao longo do ano era suficiente para manter o volume escoado (Souza, 2013; Lima, 1996).

Os mais antigos aparentemente estavam satisfeitos com os postulados de que a água das nascentes originava-se de imensos e inesgotáveis reservatórios subterrâneos, enquanto outros acrescentavam que esses reservatórios careceriam de pelo menos um mecanismo de recarga. Dessa segunda linha de pensamento já se pode vislumbrar o conceito de *ciclo hidrológico*, isto é, de que a água dos oceanos retornava para os reservatórios subterrâneos. Todavia, entendia-se que esse mecanismo ocorria através de canais subterrâneos, e não por meio da atmosfera, pelo processo de evaporação (Lima, 2008).

Entre os principais acontecimentos na história da hidrologia, tem-se a medida da velocidade do Rio Sena em 1686 por Edme Mariotte. Esses primeiros conhecimentos sobre a área permitiram inúmeros avanços no século XVIII, como o Princípio de

Bernoulli, o Tubo de Pitot e a Fórmula de Chèzy, que formam a base da hidráulica e da mecânica dos fluidos.

Anos depois, em 1693, o astrônomo inglês Edmond Halley provou que a evaporação da água do mar era suficiente para responder por todas as nascentes e por todos os fluxos d'água. Durante o século XIX, no entanto, houve avanços significativos na teoria da água subterrânea – por exemplo, a Lei de Darcy –, os quais tiveram influências na definição do ciclo hidrológico como fator essencial na formação de nascentes.

Além disso, os estudos das águas superficiais e muitas outras "fórmulas" e instrumentos de medição surgiram para constatar que, de forma simples, o ciclo hidrológico é o caminho que a água percorre desde a evaporação no mar, passando pelo continente e voltando novamente ao mar (Castro; Lopes, 2001).

Em meados do século XIX, o Hidrograma Unitário de Sherman (1932) e a Teoria da Infiltração de Horton (1933) foram aceitos pelos cientistas, acarretando avanços interessantes no entendimento do processo de evaporação, em especial entre as décadas de 1940 e 1950. Já em 1958, Gumbel lançou as bases da moderna hidrologia estocástica.

A partir da década de 1970, os avanços tecnológicos na hidrologia levaram ao desenvolvimento de muitos modelos de simulação. Nessa época, surgiu a preocupação com os impactos ambientais e, consequentemente, a conscientização da população a respeito das bacias hidrográficas, o que gerou mais relevância à aplicação da hidrologia no qual se refere à preservação ambiental.

Contudo, para muitos pesquisadores a hidrologia é uma ciência jovem, tendo se desenvolvido mais significativamente no século XXI, sob a pressão do grande impulso das obras hidráulicas, do aumento do consumo de água e, principalmente, da geração de energia e irrigação. Adicionados a esses fatores, o desenvolvimento das populações ribeirinhas, as navegações, as construções de hidrovias e as repercussões sobre a economia das nações em virtude do colapso operacional desses empreendimentos tornaram a hidrologia uma ciência essencial ao desenvolvimento sustentável (Mendonça, 2009).

■ Estudo de caso

Os mais antigos trabalhos de drenagem e irrigação em larga escala são atribuídos ao faraó Menés, fundador da primeira dinastia egípcia, que construiu uma barragem de 15 metros de altura por 500 metros de extensão para alimentar o canal de irrigação no Rio Nilo, próximo a Memphis. Estão no Egito também os primeiros registros sistemáticos de níveis de enchentes. Esses registros datam de 3.500 a.C. e indicavam aos agricultores a época oportuna de romper os diques para inundar e fertilizar as terras agricultáveis. Nota-se que, aos egípcios, pouco importava o estudo da hidrologia como ciência, e sim a sua utilização.

Fonte: Adaptado de Mokhtar, 2010.

Com esse e muitos outros exemplos, é notório que o descaso com a utilização da água ocorre há muitos anos, por isso é de fundamental importância que a hidrologia, como ciência, tenha sua aplicabilidade no manejo e na conservação de um recurso finito: a água.

1.4 Aplicações da hidrologia no manejo ambiental

Áreas de atuação como agronomia, ciências florestais, manejo de bacias hidrográficas, geografia, economia, sociologia, engenharia (civil, hidráulica, sanitária etc.), além da tão importante ecologia, consideram a hidrologia fundamental, pois ela é responsável pelos estudos que visam ao desenvolvimento e ao controle dos recursos hídricos.

A hidrologia tem aplicação essencial em projetos de obras civis, sanitárias, hidráulicas e também em estudos ambientais. Esses estudos são realizados por meio do monitoramento do ciclo hidrológico dos ecossistemas de interesse, assunto que veremos mais adiante. Essa ciência é imprescindível tanto para a engenharia agrícola quanto para a engenharia ambiental, civil, florestal, entre outras, pois além de sua aplicação em obras hidráulicas, sanitárias e de irrigação – campos de atuação das engenharias –, também é fundamental para as ciências ambientais.

Empresas produtoras de papel e celulose, por exemplo, devem realizar e estimular estudos sobre a função hidrológica de áreas de preservação ambiental – como matas ciliares, várzeas e áreas de exploração vegetal, ocupadas por eucaliptos e pínus –, uma vez que a disponibilidade do recurso hídrico é matéria-prima para sua produção, além de ser um dos parâmetros ambientais indicadores da degradação de áreas, sendo essencial para a recuperação de sistemas ecológicos destruídos.

Lima (2008) lista algumas aplicações da hidrologia que envolvem desde projetos de obras hidráulicas até atividades associadas às questões ambientais:

- **Fontes de abastecimento de água para uso doméstico ou industrial** – Subsídios técnicos para a escolha adequada de fontes de abastecimento de água por meio de parâmetros associados à qualidade e à quantidade desse recurso disponível.

- **Projeto e construção de obras hidráulicas** – Projetos de drenagem, barragem e fixação de dimensões de obras, como pontes, bueiros e galerias pluviais, por meio da geração de informações ao aplicar modelos de chuva-vazão às bacias de contribuição.

- **Drenagem** – Estudo das características químicas, biológicas e comportamentais, como condições de alimentação, escoamento natural e oscilação temporal da profundidade de lençol freático, precipitação, bacia de contribuição e nível d'água dos cursos.

- **Irrigação** – Operação que visa suprir as deficiências pluviais, proporcionando teor de umidade do solo suficiente para o crescimento de plantas e auxiliando nos projetos de reposição dessa umidade com a escolha do manancial e por meio de estudos de evaporação e infiltração de água no solo.

- **Regularização dos cursos d'água e controle de inundações** – Estudos de variação de vazão, previsão de vazões máximas e áreas de inundação.

- **Controle da poluição e preservação ambiental** – Análise da capacidade de autodepuração dos corpos receptores, ou seja, recebimento de corpos receptores (rios, lagoas etc.) dos efluentes de sistemas de esgotos sanitários e industriais, gerando informações sobre vazões mínimas de cursos d'água, capacidade de reaeração e velocidade de escoamento.

- **Controle da erosão** – Análise de intensidade e frequência das precipitações máximas que determina o coeficiente de escoamento superficial, fornecendo subsídios para a estimativa de perdas de solo, como intensidade de precipitação e escoamento em bacias hidrográficas. O estudo da ação erosiva das águas fornece subsídios para iniciar planos de proteção, implantando vegetação e dimensionando canais divergentes, bacias de contenção em estradas e terraços de infiltração e escoamento.

- **Navegação** – Obtenção de dados e estudos sobre construção e manutenção de canais navegáveis.

- **Aproveitamento hidrelétrico** – Geração de informações sobre vazões máximas, médias e mínimas de cursos d'água para o estudo econômico e o dimensionamento das instalações que visam às avaliações técnico-financeiras do projeto. Permite verificar a necessidade de reservatório de acumulação e determinar os elementos necessários ao projeto e sua construção, como bacias hidrográficas, volumes armazenáveis, perdas por evaporação e infiltração.

- **Operação de sistemas hidráulicos complexos** – Operações nas quais são incorporados modelos de otimização, geralmente um linear e outro não linear. Para análise em sistemas hidráulicos complexos, são usadas ferramentas que mantêm os conceitos e os atributos de um sistema de suporte, ou seja, buscam as características do sistema a fim de estreitar a comunicação entre o usuário e o computador, facilitar o entendimento e a formulação do problema, a interpretação dos resultados de análise, além de auxiliar no processo de tomada de decisão, tornando-o mais ordenado, com objetivos e clareza.

- **Recreação** – Atividades recreativas, esportes náuticos, navegação, pescas recreativas e lazer contemplativo.

- **Gestão de bacias hidrológicas** – Planejamento e gerenciamento de bacias hidrográficas, fornecendo informações sobre os principais parâmetros hidrológicos. Verifica a necessidade de reservatórios de acumulação e determina os elementos necessários à execução de projetos com recursos hídricos, como informações sobre bacias de contribuição, volumes armazenáveis e perdas por evaporação e infiltração.

- **Preservação e desenvolvimento da vida aquática** – Manutenção de padrões adequados de qualidade das águas para conservação da fauna e da flora, com a manutenção de ambientes propícios às atividades humanas e à preservação da harmonia paisagística.
- **Disponibilidade hídrica espaço-temporal** – Quantidade e qualidade de água.

As demandas pelo uso da água tendem a crescer e a impactar na quantidade e na qualidade dos recursos hídricos disponíveis, gerando conflitos de interesse a serem administrados com base na técnica e na legislação. Um dos maiores problemas nesse gerenciamento é a falta de dados para uma tomada racional de decisão. Nesse sentido, as diferentes áreas de aplicação da hidrologia poderiam sanar algumas dúvidas, além de fornecer informações com mais segurança para avaliar e planejar os usos múltiplos da água.

■ Síntese

É notório que a hidrologia é uma ciência de aplicação essencial para a vida dos seres vivos e para o meio ambiente. Ela é vital para projetos de obras civis e estudos de impactos ambientais, sendo indispensável ao monitoramento do ciclo hidrológico dos ecossistemas de interesse, objeto de estudo do capítulo seguinte.

A hidrologia é definida como o estudo da água em todas as suas formas (sólida, líquida e gasosa), sobre e sob a superfície da terra, incluindo sua distribuição e circulação, seu comportamento, suas propriedades físicas e químicas e as reações com o meio. Por meio de estudos sobre seu histórico, revela-se uma ciência que possibilita, pela disponibilidade hídrica, alguns parâmetros ambientais indicadores de degradação de áreas, os quais são essenciais para a recuperação de sistemas ecológicos degradados.

Desse modo, o planejamento e a gestão dos recursos hídricos têm como principais preocupações minimizar os impactos do uso do solo e eliminar, por meio da reflexão sobre a importância da proteção dos recursos hídricos e da realização de atividades educativas e conscientizadoras, o descaso presenciado a cada dia com a água devido ao uso inadequado desse recurso pelo homem.

■ Questões para revisão

1. Explique sucintamente o conceito de *hidrologia*.

2. Relate as principais aplicabilidades da hidrologia no meio ambiente.

3. A afirmação "as águas superficiais e subterrâneas podem ser consideradas recursos hídricos" é:
   a] totalmente verdadeira.
   b] totalmente falsa.
   c] parcialmente falsa.
   d] parcialmente verdadeira.
   e] Nenhuma das alternativas anteriores está correta.

4. Quem propôs as bases da moderna hidrologia estocástica?

   a] Darcy.

   b] Darwin.

   c] Horton.

   d] Gumbel.

   e] Nenhuma das alternativas anteriores está correta.

5. A hidrologia de superfície é o estudo das águas superficiais, dividindo-se em:

   a] evaporação, evapotranspiração e transpiração.

   b] glaciologia, limnologia e potamologia.

   c] hidrogeologia, geomorfologia e geologia.

   d] interceptação, infiltração e percolação.

   e] pequeno, médio e grande ciclos.

■ QUESTÕES PARA REFLEXÃO

1. No Brasil, a partir de 1970, surgiu a preocupação com o controle da poluição e o planejamento das bacias hidrográficas, bem como uma maior conscientização da população a respeito dos problemas ambientais, acarretando um novo impulso aos estudos e à aplicação da hidrologia. Exemplifique fatos e/ou eventos dessa época que tenham ocasionado essa preocupação com a gestão das bacias hidrográficas.

2. O acelerado processo de crescimento e desenvolvimento da sociedade tem contribuído com uma intensa degradação do ambiente, em especial dos recursos hídricos. Quais ações foram realizadas para minimizar esse cenário?

■ Para saber mais

A Lei de Darcy descreve o fluxo de um fluido através de um meio como o produto da velocidade pela permeabilidade de um solo e pelo gradiente hidráulico entre dois pontos quaisquer. Sua equação é: $(Q = K \cdot i \cdot A)$. Essa equação derivada mostra o fluxo de um fluido através de um meio poroso. A Lei foi formulada por Henry Darcy com base nos resultados de experimentos, publicados em 1856, sobre o fluxo de água através de leitos de areia. Constitui também a base científica da permeabilidade de fluidos utilizados em ciências da terra.

Para mais informações sobre Henry Darcy e sua Lei, bem como outros grandes nomes da hidrologia, acesse: OLIVEIRA, R. S. Propriedades de escala no escoamento de fluido em meio poroso modelado por empacotamento Apoloniano. 88 f. Dissertação (Mestrado em Física) – Universidade Federal da Bahia, Salvador, 2009. Disponível em: <http://www.pgif.ufba.br/disser/Textos/Rafael-Oliveira.pdf>. Acesso em: 29 set. 2014.

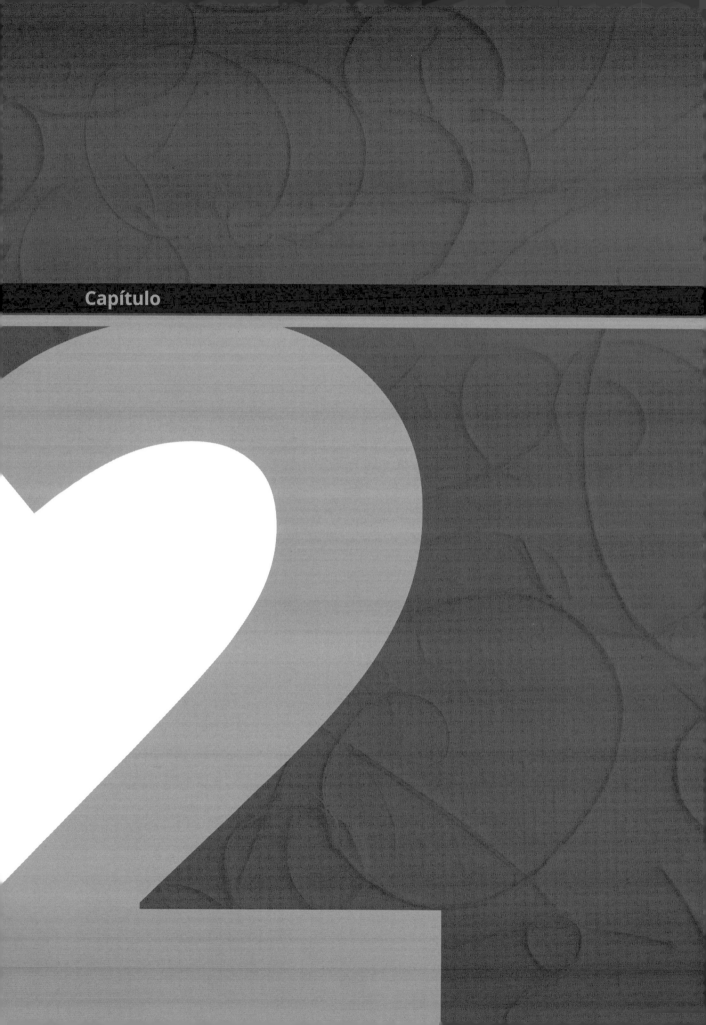
Capítulo 2

O ciclo das águas: conceitos e componentes

Conteúdos do capítulo

- O conceito de *ciclo hidrológico*.
- Os componentes do ciclo da água.
- As bacias hidrográficas e sua influência no ciclo da água.
- Tipos de chuvas e suas principais características.
- Noções de previsão de ocorrência de chuvas.

Após o estudo deste capítulo, você será capaz de:

1. entender como funciona o ciclo hidrológico e seus constituintes;
2. determinar quais fenômenos precisam acontecer para que o ciclo da água seja constante na natureza;
3. identificar qual é o principal interesse do tecnólogo em relação ao meio ambiente e reconhecer em quais situações esse profissional desempenhará suas atribuições;
4. entender o ciclo da água;
5. conceituar as bacias hidrográficas e compreender sua importância no ciclo da água;
6. distinguir os tipos de chuvas e suas principais características;
7. obter as noções de previsões de ocorrência de chuvas.

2.1 Ciclo hidrológico: conceito

A Terra é chamada de *Planeta Azul*, pois dois terços de sua superfície são cobertos pela água de mares e oceanos. Na realidade, existe água em praticamente todo lugar: sobre a superfície terrestre, na forma de rios, lagos, mares e oceanos; abaixo dela, na forma de água subterrânea e na umidade do solo; na atmosfera e também como vapor d'água. Em certos locais, como nos oceanos, a água pode ocorrer de forma quase ilimitada, entretanto, há outros lugares, como os desertos, onde pode ser praticamente nula. Por isso, a água tem uma ligação direta com a formação e a caracterização dos ambientes e das paisagens.

Figura 2.1 – Ciclo hidrológico

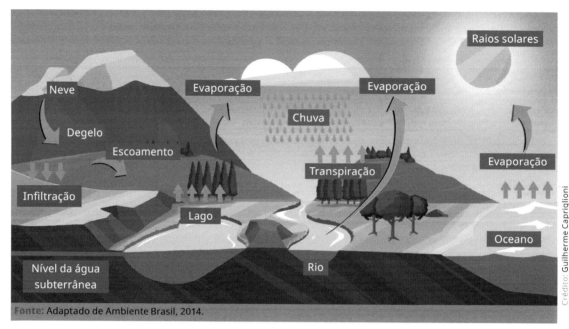

Fonte: Adaptado de Ambiente Brasil, 2014.

As características próprias e as condições climáticas do planeta Terra permitem que a água seja encontrada em três estados físicos: sólido, líquido e gasoso. Como é possível observar nas figuras 2.1 e 2.2, esses estados, bem como suas mudanças, são essenciais à vida no planeta. Afinal, se não existissem as forças geológicas – as quais recebem influência do ciclo da água –, que agem no sentido de criar a geomorfologia, hoje a Terra seria um planeta uniforme, recoberto por uma camada de 3 km de água salgada (Laly; Parsons, 1993).

As mudanças de estado físico da água no ciclo hidrológico são fundamentais e influenciam os processos biogeoquímicos nos ecossistemas terrestres e aquáticos. A água nutre as florestas, mantém a produção agrícola e a biodiversidade nos sistemas terrestres e aquáticos. Portanto, os recursos hídricos superficiais e os subterrâneos são estratégicos para o homem, as plantas e os animais.

O ciclo hidrológico opera em função da energia solar, que provoca a evaporação dos oceanos, e dos efeitos dos ventos, que, por sua vez, transportam o vapor d'água acumulado para os continentes. Esse ciclo, que ocorre na hidrosfera, resume-se basicamente na retirada de água dos oceanos, por meio da evaporação da superfície do mar, e da superfície terrestre. Esse processo só acontece porque a energia do calor irradiado pelo sol permite a distribuição e a disponibilidade das águas em nosso planeta (Figura 2.2). O movimento da água no ciclo hidrológico é mantido pela energia solar e pela gravidade, que são responsáveis pela renovação da água na Terra (ANA, 2011).

Figura 2.2 – Ciclo da água

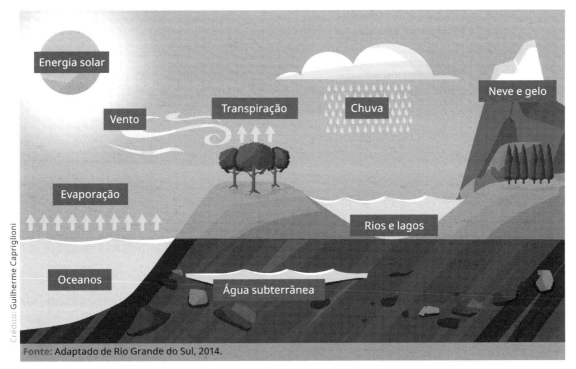

Fonte: Adaptado de Rio Grande do Sul, 2014.

> Apesar de a maior parte da água do planeta, em qualquer momento, estar nos oceanos, ela está em contínuo movimento por meio de um ciclo cuja fonte principal de energia é o Sol e cuja principal força atuante é a gravidade. A essa transferência ininterrupta da água do oceano para o continente e do continente para o oceano dá-se o nome de *ciclo hidrológico*. Esse conceito descreve a dinâmica da água na natureza e hoje é tão globalmente aceito que se torna até difícil apreciar a história de seu desenvolvimento.

Há milhões de anos, quando a Terra estava em formação, a superfície do planeta era muito quente e toda a água estava na forma de vapor. O ciclo da água começou com um processo chamado de *condensação*, isto é, a passagem do estado gasoso para o estado líquido. Nesse caso, a água se condensou devido à diminuição de temperatura ocorrida na superfície do planeta, o que possibilitou que o vapor de água passasse para o estado líquido.

Hoje, isso acontece, por exemplo, quando o vapor de água chega a certa altura. A temperatura cai e a água se condensa, passando, então, para o estado líquido na forma de pequenas gotículas, que se juntam e se movimentam com a ação dos ventos e das correntes atmosféricas, formando, assim, as nuvens. Por fim, ocorre a chuva – a precipitação.

Ao cair, a água escorre pela superfície por meio de linhas de água que se reúnem em direção aos rios até atingir os oceanos pelo escoamento superficial. Em outras palavras, a água fica novamente exposta à ação do sol, que a esquenta e a transforma mais uma vez por meio do processo de evaporação, ou seja, a passagem do estado líquido para o gasoso.

Ao cair, a água também pode tomar outro caminho: mediante um processo de infiltração nos solos e nas rochas, por meio de seus poros, fissuras e fraturas, pode chegar aos lençóis freáticos, processo denominado *escoamento subterrâneo* ou *percolação*. Nem toda água precipitada alcança a superfície terrestre, já que uma parte, ao cair, pode ser interceptada e evaporar de novo (Figura 2.2).

A água que se infiltra no solo é sujeita à evaporação direta para a atmosfera e é absorvida pela vegetação, que, pela transpiração, a devolve à atmosfera. Esse processo, chamado *evapotranspiração*, ocorre no topo da zona não saturada, isto é, na zona onde os espaços entre as partículas do solo contêm tanto ar quanto água.

A água que continua a se infiltrar e atinge a zona saturada entra na circulação subterrânea e contribui para o aumento da água armazenada (recarga dos aquíferos). A quantidade de água e a velocidade com que circula nas diferentes fases do ciclo hidrológico são influenciadas por diversos fatores, como a cobertura vegetal, a altitude, a topografia, a temperatura, o tipo de solo e a geologia.

A velocidade do ciclo hidrológico variou de uma era geológica para a outra, bem como a proporção de água doce e de água marinha. Além disso, as características do ciclo hidrológico não são homogêneas, por isso a distribuição desigual da água no planeta e no Brasil (Tundisi; Matsumura-Tundisi, 2008). Mais adiante veremos a distribuição de água no mundo e no nosso país, relacionando essa distribuição com a taxa populacional e as formas de uso desse recurso.

2.2 Os componentes do ciclo da água

Os principais componentes do ciclo da água são (ANA, 2011):

- **Precipitação** – É o processo em que a água é adicionada à superfície da Terra pela atmosfera. Pode ser na forma líquida, como no caso da chuva, ou sólida, como na ocorrência de neve ou gelo (Figura 2.3).
- **Evaporação** – Caracterizada pela transformação da água líquida para a forma gasosa (vapor da água), que fica acumulada na atmosfera (Figura 2.3).
- **Transpiração** – Ocorre com a perda de vapor da água, com uma ocorrência ativa nas plantas (Figura 2.3).
- **Infiltração** – É o processo pelo qual a água é absorvida e se infiltra no solo (Figura 2.3).
- **Percolação** – Decorre do processo pelo qual a água entra no solo e nas formações rochosas, chegando até o lençol freático.
- **Drenagem** – Decorrente do movimento de deslocamento das águas nas superfícies durante a precipitação.

O ciclo hidrológico pode ser ainda dividido em:

- Pequeno ciclo – O calor do ambiente faz derreter (fundir) e evaporar a água de oceanos, geleiras, rios e lagos. O vapor d'água presente no ar condensa-se, formando as nuvens que depois produzem as chuvas. Com as chuvas, a água retorna à superfície terrestre.

- Grande ciclo – Tem a participação de seres vivos. As plantas absorvem a água da chuva infiltrada no solo e a eliminam no ambiente em forma de vapor. Os animais participam do ciclo bebendo água e comendo. A eliminação de água pelo corpo dos animais se dá por transpiração, urina e fezes.

Figura 2.3 – Pequeno e grande ciclo da água

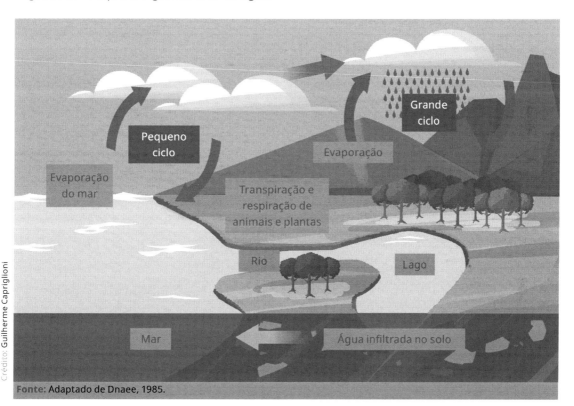

Fonte: Adaptado de Dnaee, 1985.

As atividades humanas exigem o consumo de água. Como são vários os usos desse recurso potencialmente renovável, sua necessidade é cada vez maior para atender tanto o crescimento da população como das demandas industriais, agrícolas e de produção em geral.

Quando determinada área é desenvolvida para uso humano, muitos sistemas que retêm a água do ciclo hidrológico são removidos. Assim, ocorre um aumento rápido do escoamento urbano devido à pavimentação e também à remoção da vegetação, que é fundamental para a recarga dos aquíferos (Tundisi, 2005). Reveja a Figura 2.3.

Como a água é fundamental para a manutenção da vida na Terra, devemos utilizá-la de forma sustentável. Quanto ao ciclo hidrológico, podemos vê-lo como um sistema hidrológico fechado, já que a quantidade de água disponível na Terra é finita e indestrutível. Porém, mesmo com essa explicação simplificada, o ciclo da água é um meio conveniente de apresentar os fenômenos hidrológicos que ocorrem na natureza e também de enfatizar as quatro fases básicas de interesse do técnico em meio ambiente, que são:

1. precipitação;
2. evaporação;
3. transpiração;
4. escoamento superficial e subterrâneo.

Embora possa parecer um mecanismo contínuo – o que significa entender que a água se move de uma forma permanente e a uma taxa constante –, essas fases são, na realidade, muito diferentes, pois o movimento da água em cada uma delas é bastante aleatório, variando tanto no espaço como no tempo.

Para exemplificar, em determinadas ocasiões verifica-se que a natureza parece trabalhar em excesso, como quando provoca chuvas torrenciais que ultrapassam a capacidade dos cursos d'água ocasionando inundações. Em outras ocasiões parece que todo o mecanismo do ciclo parou completamente e com ele a precipitação e o escoamento superficial. E são precisamente esses extremos – as enchentes e as secas – que mais interessam aos técnicos em meio ambiente, pois muitos dos projetos de hidrologia são realizados com a finalidade de proteger a população contra esses extremos e gerenciá-los.

■ Estudo de caso

Na avaliação da Organização das Nações Unidas (ONU), uma pessoa precisa de, no mínimo, 50 litros de água por dia para atender suas necessidades. Nos Estados Unidos, o consumo *per capita* é 45 vezes maior. Hoje, a falta de água atinge severamente 26 países, alguns deles são: Arábia Saudita, Iraque, Kuwait, Egito, Argélia, Burundi, Cabo Verde, Etiópia, Cingapura, Tailândia, Barbados, Hungria, Bélgica, México, Estados Unidos, França, Espanha e outros. No Brasil, a seca ocorre com mais frequência na região Nordeste e já foram identificados e são conhecidos problemas sérios de abastecimento em outras regiões. Alertas de organismos internacionais mencionam que, nos próximos 25 anos, cerca de 3 bilhões de pessoas poderão viver em regiões com extrema falta de água, inclusive para o próprio consumo.

Fonte: Adaptado de ANA, 2011, p. 13.

2.3 As bacias hidrográficas e sua influência sobre o ciclo da água

Já abordamos o conceito de *hidrologia*, seu histórico e sua aplicação, além do conceito de *ciclo hidrológico*, seus constituintes e processos. Agora vamos aprender um pouco mais sobre uma divisão que a natureza criou: as bacias hidrográficas e como elas influenciam o ciclo da água.

A priori, bacias hidrográficas são áreas delimitadas nas quais ocorre a captação de água, ou seja, são localidades na superfície terrestre separadas topograficamente entre si. Essas áreas funcionam como receptores naturais das águas da chuva (drenagem) provenientes das áreas mais altas para as mais baixas, seguindo uma hierarquia fluvial, até se concentrarem em um único ponto, formando um rio principal com seus afluentes e subafluentes. Todo o volume de água captado é automaticamente escoado por meio de uma rede denominada *rede hidrográfica* (Barrella et al., 2001).

Os principais elementos topográficos constituintes de uma bacia hidrográfica são:

- Divisor de águas – Delimita fisicamente a bacia.
- Vertentes – Orientam o escoamento e influenciam na velocidade e no volume de águas e sedimentos transportados pela bacia de acordo com suas variações altimétricas e declividades.
- Rede hidrográfica – Composta por um conjunto de rios (afluentes e subafluentes) que convergem para um rio principal.
- Seção de controle – Local por onde toda a água captada na bacia (enxurrada e corpos d'água) é drenada.
- Rede de drenagem – Constitui-se de todos os corpos d'água da bacia e canais de escoamento (Figura 2.4).

Figura 2.4 – Representação de uma bacia hidrográfica

São vários os aspectos que definem o conceito de *bacia hidrográfica*. Vejamos alguns deles.

Bacia hidrográfica pode ser definida como a delimitação do espaço geográfico por um divisor de águas (tergos), representado pela linha que une pontos de cotas mais elevadas, fazendo com que a água da chuva, ao atingir a superfície do solo, dirija-se no sentido de outro córrego ou rio. A Figura 2.4 mostra esse processo.

Em outras palavras, *bacia hidrográfica* corresponde à área drenada por um rio principal, seus afluentes e subafluentes, que formam, dessa maneira, uma rede hidrográfica. Os limites entre as bacias hidrográficas encontram-se nas partes mais altas do relevo e são denominados *divisores de água*, pois separam as águas das bacias. O declive entre o divisor de água e o rio principal, por onde correm as águas dos afluentes, chama-se *vertente*. As águas são depositadas no leito do rio, que, em época de cheia, pode transbordar para as margens planas mais baixas que o acompanham e constituem a sua várzea (Valente; Gomes, 2005).

Lima e Zakia (2000) consideram bacias hidrográficas sistemas abertos, os quais recebem energia através de agentes climáticos e perdem energia através do deflúvio. Desse modo, podem ser descritas em termos de variáveis interdependentes, que oscilam em torno de um padrão – assim, mesmo quando perturbadas por ações antrópicas, estão em equilíbrio dinâmico. Então, qualquer modificação no recebimento ou na liberação de energia, ou na forma desses sistemas, acarretará uma mudança compensatória, que tende a minimizar o efeito dessa alteração e restaurar o estado de equilíbrio dinâmico.

As bacias hidrográficas são unidades que geram e monitoram os ecossistemas, pois apresentam características próprias que acarretam efeitos no uso do solo (Figura 2.5). Para a Agência Nacional das Águas (ANA, 2007), *bacia hidrográfica* pode ser conceituada como uma área fisiográfica drenada por um curso ou cursos d'água, conectados que convergem direta ou indiretamente para um leito ou espelho d'água. Por isso, todo o volume de água captado não infiltrado é automaticamente escoado por meio de uma rede de drenagem das áreas mais altas para as mais baixas, seguindo uma hierarquia fluvial, até concentrar-se em um único ponto, formando um rio principal. As bacias hidrográficas separam-se umas das outras por uma linha divisória, chamada *divisor de águas* ou *tergos*. Cada chuva que cai a partir desse ponto se dirige ao curso de água principal.

Figura 2.5 – Representação dos constituintes de uma bacia hidrográfica

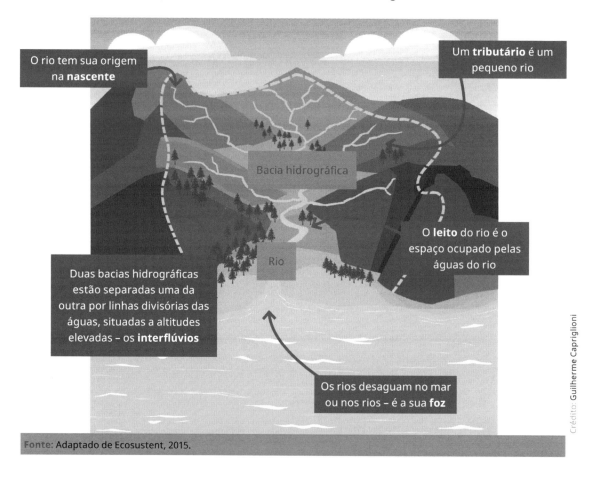

Fonte: Adaptado de Ecosustent, 2015.

Em todos esses conceitos, é notório relacionar a bacia hidrográfica e sua influência sobre o ciclo hidrológico, pois ela evidencia a hierarquização dos rios, que são os locais de armazenamento de água. Em outras palavras, a organização natural de um rio ocorre por ordem de menor volume de água, advindo do ciclo das águas. Esse volume de água se dirige para os rios mais caudalosos, que fluem das partes mais altas para as mais baixas. Em bacias de inclinação acentuada, como a do rio Colorado, nos Estados Unidos, a busca pelo equilíbrio fluvial tende a estreitar a área da bacia. De forma contrária, bacias de inclinação baixa, como a do rio Amazonas, tendem a ser mais largas.

Os termos *sub-bacia* e *microbacia hidrográfica* também estão incorporados na literatura técnico-científica, todavia não são consolidados como o termo *bacia hidrográfica*, já que muitos autores divergem sobre esses conceitos. Veja os quadros 2.1, 2.2 e 2.3 a seguir.

Quadro 2.1 – Diferentes conceitos e descrições de bacia hidrográfica encontrados na literatura

Autores	Conceito de bacia hidrográfica
Lima; Zakia (2000)	Nesse sistema há um fluxo de energia constante, que é receptada através de fatores climáticos e liberada com o deflúvio. Mesmo quando perturbadas por ações antrópicas e/ou naturais, as bacias hidrográficas encontram-se em equilíbrio dinâmico. Dessa forma, mesmo com qualquer modificação, tanto no recebimento quanto na liberação de energia, o sistema levará a uma mudança compensatória que tende a minimizar o efeito dessa alteração e restaurar o estado de equilíbrio.
Attanasio (2004)	O termo *bacia hidrográfica* refere-se a uma compartimentação geográfica natural delimitada por divisores de água. Esse compartimento é drenado superficialmente por um curso d'água principal e seus afluentes.
Borsato; Martoni (2004)	*Bacia hidrográfica* é definida como uma área limitada por um divisor de águas, que a separa das bacias adjacentes e serve de captação natural da água de precipitação através de superfícies vertentes. Por meio de uma rede de drenagem, formada por cursos d'água, ela faz convergir os escoamentos para a seção de exutório, seu único ponto de saída.

(continua)

(Quadro 2.1 – conclusão)

Autores	Conceito de bacia hidrográfica
Barrella et al. (2001)	Conjunto de terras drenadas por um rio e seus afluentes. É formada nas regiões mais altas do relevo por divisores de água, onde as águas das chuvas ou escoam superficialmente formando os riachos e rios ou infiltram no solo para a formação de nascentes e do lençol freático. As águas superficiais escoam para as partes mais baixas do terreno, formando riachos e rios, sendo que as cabeceiras são formadas por riachos que brotam em terrenos íngremes das serras e montanhas e, à medida que as águas dos riachos descem, juntam-se a outros riachos, aumentando o volume e formando os primeiros rios. Esses pequenos rios continuam seus trajetos recebendo água de outros tributários, formando rios maiores até desembocar no oceano.
Targa et al. (2012)	*Bacia hidrográfica* é definida como o conjunto de terras limitadas por divisores de águas contendo uma rede de drenagem que drena a água para um único ponto, denominado *exutório*. O sistema de drenagem da bacia é composto de nascentes dos cursos d'água, principais e secundários, denominados *afluentes* e *subafluentes*.

Quadro 2.2 – Diferentes conceitos de sub-bacia hidrográfica encontrados na literatura

Autores	Conceito de sub-bacia hidrográfica
Faustino (1996)	*Sub-bacias* são bacias menores que 700 km² e maiores que 100 km².
Santana (2003)	As bacias podem ser desmembradas em um número qualquer de sub-bacias, o que depende do ponto de saída considerado ao longo do seu eixo-tronco ou canal coletor. Cada bacia hidrográfica interliga-se com outra de ordem hierárquica superior, constituindo, em relação à última, uma sub-bacia. Portanto, os termos *bacia* e *sub-bacia* hidrográfica são relativos.
Attanasio (2004)	Unidade física caracterizada como uma área de terra drenada por um determinado curso d'água e limitada, perifericamente, pelo chamado *divisor de água*.
Martins et al. (2005)	*Sub-bacias* são áreas entre 20 mil ha e 30 mil ha (200 km² e 300 km²).

Quadro 2.3 – Diferentes conceitos de microbacia hidrográfica encontrados na literatura

Autores	Conceito de microbacia hidrográfica
Faustino (1996)	A microbacia possui toda a sua área com drenagem direta ao curso principal de uma sub-bacia; várias microbacias formam uma sub-bacia, sendo a área de uma microbacia inferior a 100 km².
Hein (2000)	As microbacias são áreas fisiográficas drenadas por um curso d'água ou para um sistema de curso d'água conectado e que converge, direta ou indiretamente, para um leito ou para um espelho d'água, constituindo uma unidade ideal para o planejamento integrado do manejo dos recursos naturais do meio ambiente.
Machado (2002)	As microbacias são as menores unidades da paisagem capazes de integrar todos os componentes relacionados com a disponibilidade e a qualidade da água, como: atmosfera, vegetação natural, plantas cultivadas, solo, rochas subjacentes, corpos d'água e paisagem circundante.

(continua)

O ciclo das águas: conceitos e componentes **35**

(Quadro 2.3 – conclusão)

Autores	Conceito de microbacia hidrográfica
Braga (2003)	*Microbacia hidrográfica* é entendida como uma área geograficamente delimitada pelos divisores de água que alimentam pequenos tributários.
Mosca (2003)	*Microbacias hidrográficas* são consideradas a menor unidade do ecossistema em que pode ser observada a delicada relação de interdependência entre os fatores bióticos e abióticos. Assim, perturbações podem comprometer a dinâmica de seu funcionamento, o que visa identificar e monitorar de forma orientada os impactos ambientais.
Leonardo (2003)	A microbacia hidrográfica é um elemento de escala de análise ambiental muito singular, pois representa o elo entre a escala micro, correspondente àquele nível de análise, verificação, medição, monitoramento e intervenção *in loco*, e a macroescala de análise, que corresponde à paisagem, região, bacia hidrográfica, nação ou até mesmo a uma escala global, de onde são emanadas as normas, a legislação e as políticas públicas. Dessa forma, a mesoescala de análise de sustentabilidade é a própria escala espacial da microbacia hidrográfica.
Attanasio (2004)	A microbacia é a unidade básica de planejamento para a compatibilização da preservação dos recursos naturais e da produção agropecuária. As microbacias hidrográficas possuem características ecológicas, geomorfológicas e sociais integradoras, o que possibilita a abordagem holística e participativa, envolvendo estudos interdisciplinares para o estabelecimento de formas de desenvolvimento sustentável inerentes ao local e à região onde forem implementados.
Santana (2003)	O termo *microbacia*, embora difundido em nível nacional, constitui uma denominação empírica, sugerindo o autor a sua substituição por *sub-bacia* hidrográfica.
Calijuri; Bubel (2006)	Microbacias são áreas formadas por canais de primeira, segunda e, em alguns casos, terceira ordem, e devem ser definidas como base na dinâmica dos processos hidrológicos, geomorfológicos e biológicos. As microbacias são áreas frágeis e frequentemente ameaçadas por perturbações, nas quais as escalas espaciais temporais e observacionais são de fundamental importância.

Apesar de todos esses conceitos, ainda é comum confundir *regiões hidrográficas* com *bacias hidrográficas*. Contudo, surge uma diferença nítida quando analisamos essas definições. As bacias hidrográficas são menores quando comparadas com as regiões hidrográficas, embora possam se subdividir em sub-bacias. A Bacia Amazônica, por exemplo, contém as sub-bacias hidrográficas dos Rios Tapajós, Madeira e Negro.

Figura 2.6 – Representação da maior bacia hidrográfica do mundo

Legenda:
1. Rio Amazonas
2. Rio Solimões
3. Rio Negro
4. Rio Xingu
5. Rio Tapajós
6. Rio Jurema
7. Rio Madeira
8. Rio Purus
9. Rio Branco
10. Rio Juruá
11. Rio Trombetas
12. Rio Uatumã
13. Rio Mamoré

Fonte: Adaptado de Portal São Francisco, 2014b.

A maior bacia hidrográfica do planeta, a Bacia Amazônica, possui uma área total de 6.110.000 km² desde sua nascente nos Andes Peruanos até sua foz no Atlântico, na região Norte do Brasil (Figura 2.6). Ela tem sua vertente delimitada pelos divisores de água da Cordilheira dos Andes, pelo Planalto das Guianas e pelo Planalto Central. Seu rio principal nasce no Peru, com o nome de Marañon, e passa a ser denominado *Solimões*, da fronteira brasileira até o encontro com o Rio Negro. A partir daí recebe o nome de *Amazonas*, que é o rio mais extenso (total de 7.100 km) e de maior volume de água do planeta, com uma drenagem de 5,8 milhões de km², sendo 3,9 milhões no Brasil. Essa abundância é explicada pela presença de afluentes de ambos os lados, pois como estão nos dois hemisférios (norte e sul), permitem a dupla captação das cheias de verão.

Os afluentes do Rio Amazonas nascem, em sua maioria, nos escudos dos planaltos das Guianas e brasileiro, na Venezuela, na Colômbia, no Peru e na Bolívia. Sendo assim, têm o maior potencial hidrelétrico disponível do país. Ao desaguar na bacia sedimentar, que é plana, tornam-se rios navegáveis. O Rio Amazonas, que corre no centro da bacia, é totalmente navegável. No Brasil, o rio abrange os estados do Amazonas, Pará, Amapá, Acre, Roraima, Rondônia e Mato Grosso.

O Rio Amazonas apresenta afluentes nos dois hemisférios do planeta, pois é atravessado pela linha do Equador. Entre os principais afluentes da margem esquerda encontram-se o Japurá, o Negro e o Trombetas; na margem direita, o Juruá, o Purus, o Madeira, o Xingu e o Tapajós. Já a Bacia do Amazonas é considerada uma bacia continental, pois se estende sobre diversos países da América do Sul. Outras bacias hidrográficas importantes do mundo são a do Rio Saint Lawrence, que faz divisa entre Estados Unidos e Canadá e dá origem ao maior sistema de lagos interiores do mundo – os Grandes Lagos –, e a dos Rios Tigre e Eufrates, considerada o berço da civilização.

Região hidrográfica é a área de terra e de mar composta por uma ou mais bacias hidrográficas contíguas e pelas águas subterrâneas e costeiras que estão associadas a elas. Sendo assim, trata-se de uma divisão administrativa, constituindo-se unidade principal de planejamento e gestão das águas, com base na bacia hidrográfica.

Em outras palavras, uma região hidrográfica é formada por diversas bacias que escorrem para um corpo d'água único. Até 2003, dividia-se o território brasileiro em sete regiões hidrográficas, mas, com a Resolução n. 32, de 15 de outubro de 2003 (Brasil, 2003b), o Brasil passou a ser dividido em 12 regiões. Ao contrário das bacias hidrográficas, que podem ultrapassar as fronteiras nacionais, as regiões hidrográficas, como são estabelecidas por legislação nacional, estão restritas ao espaço territorial das 27 unidades federativas brasileiras.

Para além das cinco regiões determinadas pelo Instituto Brasileiro de Geografia e Estatística (IBGE) e das três regiões geoeconômicas, as regiões hidrográficas são mais uma maneira de gerenciar e planejar o Brasil, porém, nesse caso, com foco nos recursos hídricos e baseando-se nas bacias hidrográficas.

De acordo com a Resolução n. 32/2003, o Brasil está dividido nas regiões hidrográficas Amazônica, Tocantins-Araguaia, Atlântico Nordeste Ocidental, Parnaíba, Atlântico Nordeste Oriental, São Francisco, Atlântico Leste, Atlântico Sudeste, Paraguai, Paraná, Uruguai e Atlântico Sul. Veja a Figura 2.7.

Figura 2.7 – As bacias hidrográficas do Brasil

Fonte: Geo – Conceição, 2011.

Como é possível notar, as bacias hidrográficas brasileiras são muitas, mas as quatro principais são a Bacia Amazônica, já comentada aqui; a do Tocantins; a Bacia Platina (Paraná, Paraguai e Uruguai) e a Bacia do Rio São Francisco. Juntas elas cobrem cerca de 80% do território do país, porém, de forma bastante irregular.

A Bacia Amazônica responde sozinha por 70% da disponibilidade de recursos hídricos no Brasil, enquanto as bacias da região Sudeste respondem por apenas 6%. Assim, a região Sudeste tem usado suas bacias até o limite, uma vez que estas abastecem mais de 42% da população brasileira (Marengo, 2008).

Conhecer o sistema de drenagem, isto é, saber qual tipo de curso d'água drena as bacias, é essencial para o gerenciamento das bacias hidrográficas, assunto que veremos mais detidamente logo adiante. Assim, para classificar os cursos d'água, toma-se como base a constância do escoamento, a partir da qual temos três tipos:

- **Perenes** – Contêm água durante todo o tempo. O lençol freático mantém uma alimentação contínua e nunca desce abaixo do leito do curso d'água, mesmo durante as secas mais severas.
- **Intermitentes** – Em geral, escoam durante as estações de chuvas e secam nas de estiagem. Durante as estações chuvosas, transportam todos os tipos de deflúvio, pois o lençol d'água subterrâneo conserva-se acima do leito fluvial e alimenta o curso d'água, o que não ocorre na época de estiagem, quando o lençol freático se encontra em um nível inferior ao do leito.
- **Efêmeros** – Existem apenas durante ou imediatamente após os períodos de precipitação e só transportam escoamento superficial. A superfície freática se encontra sempre em um nível inferior ao do leito fluvial, não havendo a possibilidade de escoamento de deflúvio subterrâneo.

2.4 Classificações de bacias hidrográficas

Os corpos d'água que compõem as bacias e as próprias bacias são classificados de acordo com sua importância, podendo ser considerados:

- **principais** – que abrigam os rios de maior porte;
- **secundários e terciários** – que abrigam os rios de menor porte.

Podem ainda ser classificados segundo sua localização, como as bacias litorâneas ou interiores. Além dessas classificações, Ponce (1989, citado por Goldenfum, 1991) classifica as bacias em *pequenas, representativas, experimentais* e *elementares*.

O conceito de *pequenas bacias* envolve o tamanho (área), a uniformidade da distribuição de chuvas em toda a área, a duração da precipitação ao longo do tempo e a geração de escoamento e produção de sedimentos.

As **bacias representativas** são aquelas localizadas em uma região homogênea, ou seja, que não tem alteração de suas características fisiográficas, em especial o solo e a cobertura vegetal, mantidas estáveis. Dessa forma, para classificar esse tipo de bacia, há a necessidade de grandes séries históricas de dados hidrológicos, em especial de vazão e de precipitação.

Já as **bacias experimentais** visam basicamente a estudos científicos dos componentes do ciclo hidrológico e de suas eventuais influências. As **bacias elementares**, por sua vez, são pequenas, constituindo-se na menor unidade geomorfológica em que ocorre de maneira completa o ciclo hidrológico. De acordo com Goldenfum (1991), as bacias elementares apresentam áreas inferiores a 5 km².

De acordo com Lima e Zakia (citados por Teodoro et al., 2007, p. 139):

Do ponto de vista da hidrologia, a classificação de bacias hidrográficas em grandes e pequenas não é vista somente na sua superfície total, mas considerando os efeitos de certos fatores dominantes na geração do deflúvio, tendo as microbacias como características distintas uma grande sensibilidade tanto às chuvas de alta intensidade (curta duração), como também ao fator uso do solo (cobertura vegetal), sendo assim, as alterações na quantidade e qualidade da água do deflúvio, em função de chuvas intensas e ou em função de mudanças no solo, são detectadas com mais sensibilidade nas microbacias do que nas grandes bacias. Portanto, essa explicação contribui na distinção, definição e delimitação espacial de microbacias e bacias hidrográficas, sendo sua compreensão, crucial para a estruturação de programas de monitoramento ambiental, por meio de medições de variáveis hidrológicas, liminológicas, da topografia e cartografia e com o auxílio de sistemas de informações geográficas. Dessa forma, pode-se chegar a uma adequação espacial de microbacias e bacias hidrográficas.

Atualmente, estudiosos da área consideram que os tipos de bacias são classificados de acordo com o sistema e o local de drenagem de suas águas, o balanço hídrico e o grau de concentração da rede de drenagem.

Quanto ao sistema e ao local de drenagem de suas águas, as bacias hidrográficas podem ser:

- Arreicas – Quando não drenam para um rio ou lago, mas têm suas águas perdidas por evaporação ou infiltração.
- Criptorreicas – Quando sua rede de drenagem superficial não tem um sistema organizado ou aparente e corre como rios subterrâneos.
- Endorreicas – Quando suas águas drenam para um lago sem chegar ao mar.
- Exorreicas – Quando suas vertentes conduzem as águas a um sistema maior, como um grande rio ou o mar (Faustino, 1996).

Já de acordo com o balanço hídrico, podem ser:

- Balanceadas – Quando a oferta e a demanda de água são compatíveis.
- Deficitárias – Quando a demanda de água é maior que a oferta.
- Com excesso – Quando a oferta é maior que a demanda (Souza; Silva; Dias, 2012).

As bacias classificadas de acordo com o grau de concentração da rede de drenagem podem ser:

- Sub-bacias – Toda área com drenagem direta ao curso principal da bacia, isto é, várias sub-bacias formando uma bacia.
- Microbacias – Toda área com drenagem direta ao curso principal de uma sub-bacia, isto é, várias microbacias formando uma sub-bacia.

Com grande importância no estudo das bacias hidrográficas, o conhecimento do sistema de drenagem possibilita identificar que tipo de curso d'água está drenando a região. Uma maneira comumente usada para classificar os cursos d'água é tomar como base a constância do escoamento, como vimos anteriormente.

2.5 Importância da bacia hidrográfica

A unidade de referência para o planejamento, a gestão e a política federal de saneamento básico é a bacia hidrográfica (Brasil, 1997).

Considerando o crescimento populacional, somado aos avanços tecnológicos, verificou-se uma notável modificação na escala de interferência humana. A população mundial, que em 1999 era de 77 milhões de pessoas, pulou para 6 bilhões em 2000 e em 2013 já era de 7,2 bilhões de pessoas (PNUD, 2006). O Programa das Nações Unidas para o Desenvolvimento (PNUD) faz projeções de que a população mundial deve chegar a 8,1 bilhões em 2025 e 9,6 bilhões em 2050.

Assim, o consumo de água tem crescido de forma considerável, mas o volume disponível não foi ampliado na mesma proporção. As transformações da água na natureza são muitas e permanentes, sendo que algumas reduzem a disponibilidade de água potável.

Para uma noção mais específica acerca do problema da falta de água potável, vamos analisar mais alguns números. Segundo a ONU (2006), citada por Schons (2012), 1,1 bilhão de pessoas dos países em desenvolvimento não têm acesso ou têm acesso precário à água e 2,6 bilhões não dispõem de saneamento básico. Ainda é preciso citar que 1,4 bilhão de pessoas vivem em bacias fluviais, nas quais a utilização da água ultrapassa as taxas de recarga; a falta de acesso à água e ao saneamento mata uma criança a cada 19 segundos em decorrência de diarreia; infecções parasitárias transmitidas pela água ou pelas más condições de saneamento atrasam a aprendizagem de 150 milhões de crianças e, em razão dessas doenças, são registradas 443 milhões de faltas escolares por ano; ocorrem 1,8 milhão de mortes infantis ao ano em virtude de água imprópria para o consumo e de saneamento básico inadequado. O Relatório do Desenvolvimento Humano do PNUD afirma que "nenhum ato de terrorismo gera uma devastação econômica à escala da crise da água e do saneamento" (PNUD, 2006, p. 3).

Já de acordo com a Organização Mundial da Saúde – OMS (Black et al., 2010), perto de 4,6 milhões de crianças de até 5 anos de idade morrem por ano de diarreia, doença relacionada ao consumo de água não potável, que se agrava com a fome e a miséria.

No Brasil, 30% das mortes de crianças com menos de 1 ano de vida são provocadas pela diarreia (Brasil, 2009a).

Podemos considerar que há vários fatores que levam ao desequilíbrio do ciclo hidrológico, entre eles o acelerado processo de crescimento e desenvolvimento da sociedade, o que acarreta na degradação dos recursos hídricos. Por isso, é essencial que a sociedade se desenvolva concomitantemente às realizações de manejo adequado da bacia hidrográfica para que haja a manutenção da produtividade e da qualidade da água, bem como para a conservação da biodiversidade e do crescimento econômico.

2.6 O manejo das bacias hidrográficas

Os recursos hídricos beneficiam a todos, razão pela qual sua gestão também deve ser compartilhada. A legislação brasileira adotou um sistema integrado para o gerenciamento das bacias hidrográficas. Nesse sentido, um dos grandes avanços para o gerenciamento de recursos hídricos foi a Lei n. 9.433, de 8 de janeiro de 1997, que instituiu a Política Nacional de Recursos Hídricos e criou, no Brasil, o Sistema Nacional de Gerenciamento de Recursos Hídricos, tendo como preceitos básicos a adoção do conceito de bacia hidrográfica como unidade de planejamento, a consideração dos múltiplos usos da água, o reconhecimento da água como um bem finito, vulnerável e dotado de valor econômico e a necessidade de considerar a gestão descentralizada e participativa desse recurso (Brasil, 1997). Além desse documento, existe o Decreto n. 24.643, de 10 de julho de 1934, que institui o Código das Águas (Brasil, 1934).

Ainda sobre as bacias hidrográficas, Silva, C. R. da et al. (2009) dizem que:

A rede de drenagem é extremamente importante para caracterização e manejo das bacias hidrográficas, determinando suas características de escoamento superficial e o potencial de produção e transporte de sedimentos. Observa-se que estas propriedades hidrológicas são de grande importância para o manejo da bacia, especialmente no contexto ambiental, e são diretamente influenciadas pelas características da rede de drenagem.

Tão importante quanto a rede de drenagem, a cobertura vegetal, a classe de solos e o formato das bacias são fundamentais para caracterizar o ambiente, além de controlar a dinâmica da água dentro da bacia hidrográfica. A cobertura vegetal exerce influência no ciclo da água que envolve a evapotranspiração e a retenção da precipitação. Já os tipos de solo interferem decisivamente nos processos de infiltração e, por consequência, no escoamento superficial e no transporte de sedimentos. Por fim, o formato das bacias tem importância especial no comportamento das cheias.

As bacias hidrográficas geralmente apresentam dois formatos: circular e alongado. As bacias circulares concentram mais a enxurrada num trecho menor do canal principal, promovendo vazões maiores, enquanto as alongadas distribuem melhor a enxurrada ao longo do canal principal, amenizando as vazões e retardando as vazões máximas.

Tundisi et al. (2008) relatam que o conceito de *bacia hidrográfica* funciona como uma unidade de pesquisa, gerenciamento e aplicação das informações básicas. Para esses autores, é resultado da longa evolução iniciada praticamente com a implementação do conceito de *carga* por Vollenweider (1968) e consolidada com os estudos de Likens (1992). Tundisi et al. (2008) também argumentam que esse conceito está bem estabelecido e consolidado, representando um grande processo de descentralização da gestão com base em pesquisa e inovação aplicadas a cada bacia hidrográfica. Nesse contexto, é fundamental considerar escalas espaciais e temporais. A Figura 2.8 demonstra o conceito de *bacia hidrográfica* como unidade de gestão ambiental com todos os principais componentes para as pesquisas e o gerenciamento.

Figura 2.8 – Representação do curso de água na bacia hidrográfica

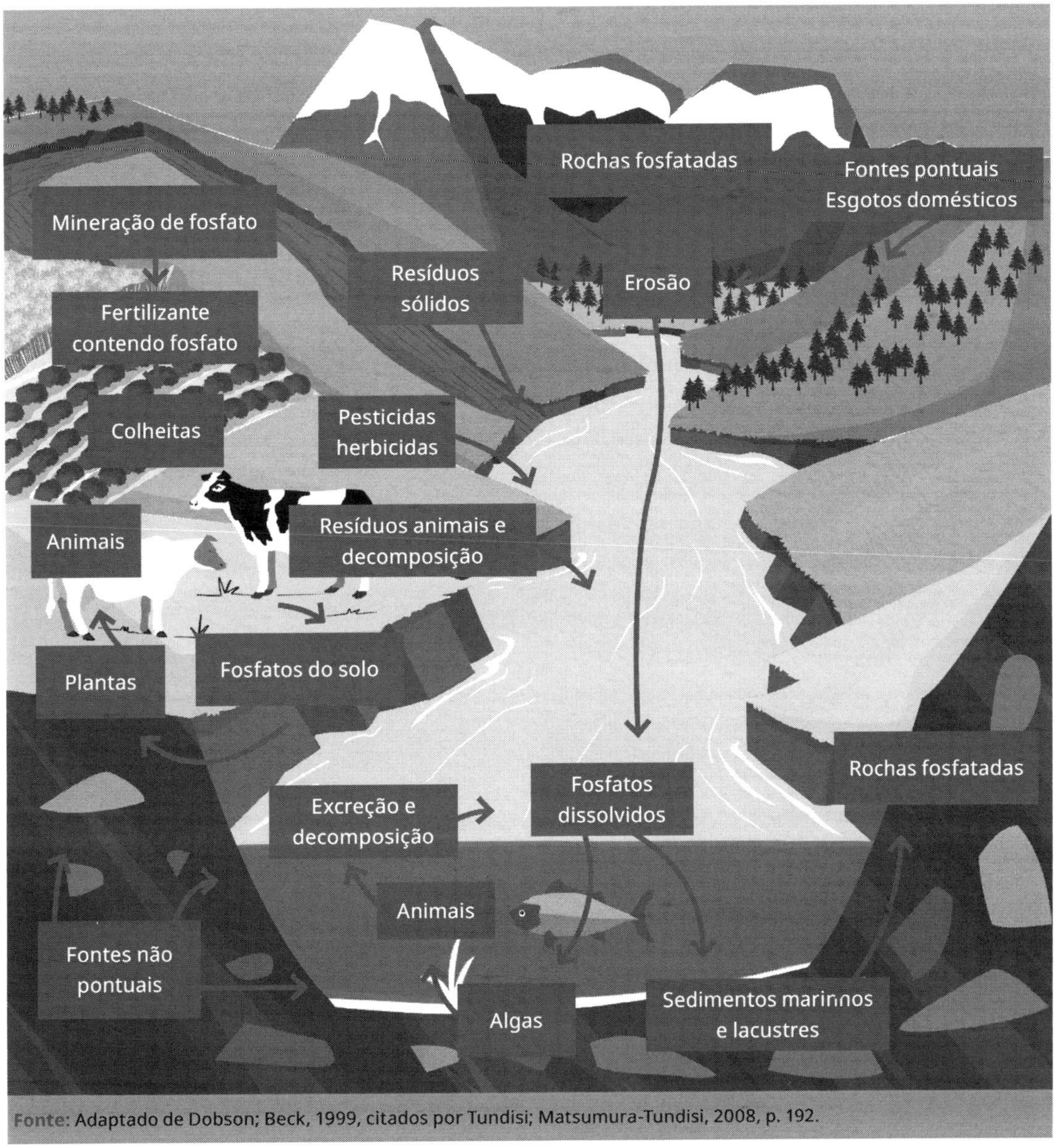

Rochas fosfatadas
Fontes pontuais
Esgotos domésticos
Mineração de fosfato
Resíduos sólidos
Erosão
Fertilizante contendo fosfato
Colheitas
Pesticidas herbicidas
Animais
Resíduos animais e decomposição
Plantas
Fosfatos do solo
Rochas fosfatadas
Excreção e decomposição
Fosfatos dissolvidos
Animais
Fontes não pontuais
Sedimentos marinhos e lacustres
Algas

Crédito: Guilherme Capriglioni

Fonte: Adaptado de Dobson; Beck, 1999, citados por Tundisi; Matsumura-Tundisi, 2008, p. 192.

2.7 Formação, previsão e tipos de chuvas

A *precipitação* consiste na água proveniente do vapor d'água da atmosfera depositada na superfície terrestre de diversas formas, como chuva, granizo, orvalho, neblina, neve ou geada (Ayoade, 2010). Especificamente aqui trataremos de precipitação em forma de chuva, já que é mais frequente e mais facilmente medida, e porque outras formas de precipitação pouco contribuem com a vazão dos rios, assunto dos próximos capítulos.

A precipitação pluvial, ou simplesmente *chuva*, é a principal forma pela qual a água retorna da atmosfera para a superfície terrestre após os processos de evaporação, transpiração e condensação, completando, assim, o ciclo hidrológico.

A chuva é o resultado da preciptação atmosférica formada por gotículas de água em diversas dimensões, sendo um fenômeno da natureza que se deve às mudanças de estados físicos da água. Para que ocorra, é essencial a condensação, ou seja, a mudança do estado físico gasoso para o líquido. As gotículas resultantes dessa transformação física precisam crescer a partir de núcleos, que podem ser gelo, poeira ou outras partículas, até atingirem peso suficiente para vencer as forças de sustentação e cair (Meinzer et al., 1999). Contudo, as formações de chuvas ocorrem por meio de outros fenômenos físicos, como a sublimação, a condensação e a aglomeração de partículas, e só depois de tais fenômenos que se dá a precipitação propriamente dita.

Durante a sublimação, formam-se nas nuvens aglomerados de pequenos cristais de gelo denominados *núcleos de sublimação*, os quais resultam da conversão direta do vapor d'água em gelo. Esses cristais aparecem espontaneamente nas nuvens quando elas são submetidas a temperaturas inferiores a −15 °C, embora o ponto exato varie

de acordo com sua natureza físico-química. Eles podem atingir temperaturas em torno de −40 °C mediante o sub-resfriamento da nuvem sob a ascensão brusca de massas de ar.

Já na fase de condensação, os pequenos núcleos formados por meio das soluções de cloreto de sódio evaporado da água do mar e de compostos sulfatados provenientes de reações químicas atmosféricas favorecem o processo da precipitação. Na fase seguinte, partículas se aglomeram em torno dos núcleos de sublimação, graças a mecanismos de colisão e acumulação de moléculas em movimento no interior das nuvens. Quando se inicia a etapa da precipitação, as partículas da nuvem alcançam um peso tal que as impede de permanecer em solução coloidal pela ação das correntes de ar ascendentes e caem sob o efeito da gravidade.

Para que haja condensação na atmosfera, há necessidade da presença de núcleos de condensação, em torno dos quais se formam os elementos de nuvem (pequenas gotículas de água que permanecem em suspensão no ar). O principal núcleo de condensação é o NaCl (cloreto de sódio). No entanto, em algumas regiões específicas, outras substâncias podem atuar como núcleos de condensação, como é o caso do 2-metiltreitol, álcool proveniente da reação do isopreno emitido pela floresta com a radiação solar, considerado o principal núcleo de condensação para formação das chuvas convectivas na região

Amazônica. Além dos núcleos de condensação, há necessidade de que o ar fique saturado de vapor, o que ocorre por duas vias: aumento da pressão de vapor d'água no ar e resfriamento do ar (mais eficiente e comum). Esse resfriamento do ar se dá normalmente por processo adiabático, ou seja, a parcela de ar sobe e resfria devido à expansão interna, que se deve à redução de pressão. [...] A ascensão de uma parcela de ar irá depender das condições atmosféricas. Isso explica por que em alguns dias ocorre formação intensa de nuvens pelo processo convectivo e em outros dias não. Quando as condições atmosféricas favorecem a formação dos movimentos convectivos e, consequentemente, a formação de nuvens, a atmosfera é dita "instável", ao passo que sob condições desfavoráveis à formação de nuvens, a atmosfera é dita "estável". [...] O processo de condensação por si só não é capaz de promover a ocorrência de precipitação, pois nesse processo são formadas gotículas muito pequenas, denominadas de elementos de nuvem, que permanecem em suspensão na atmosfera, não tendo massa suficiente para vencer a força de flutuação térmica. Para que haja a precipitação deve haver a formação de gotas maiores, denominadas de elementos de precipitação, resultantes da coalescência das gotas menores, que ocorre devido a diferenças de temperatura, tamanho, cargas elétricas e, também, devido ao próprio movimento turbulento. (UFRJ, 2014)

Enfim, a formação das precipitações está ligada à ascensão das massas de ar, que podem ocorrer em virtude de fatores topográficos, como o relevo, fatores térmicos, como a convecção térmica, e fatores físicos, como a ação frontal das massas.

■ Estudo de caso

Um *hidroestimador* é um método que utiliza uma relação empírica exponencial entre a precipitação (estimada por radar) e a temperatura de brilho do topo das nuvens (extraídas do canal infravermelho de um satélite) para gerar valores de precipitação pluvial (mm) em tempo real. Por meio da avaliação da temperatura da nuvem e de informações de sua textura, é realizado um ajuste da área coberta pela precipitação (Scofield, 1987, 2001; Vicente; Davenport; Scofield, 2002). O sistema *Tropical Rainfall Measuring Mission* (TRMM) é resultado da união entre as agências espaciais dos Estados Unidos e do Japão, com o objetivo de realizar medições de chuva nas regiões tropicais e subtropicais em toda a Terra (Kawanishi et al., 2000). As estimativas de precipitação pluviométrica são realizadas para as regiões compreendidas entre 50 °N e 50 °S para todo o globo terrestre. Os dados são fornecidos para o período de três horas ou acumulados para o período mensal (Gran; Leslie, 2011). Tanto o hidroestimador como o TRMM geram imagens do total de precipitação diariamente.

Podemos realizar previsões de chuvas a qualquer instante por meio dos mapas sinóticos e das cartas atmosféricas de altitude. Tais elementos servem para expressar os processos e as mudanças de tempo, informando sobre os fenômenos meteorológicos e suas correlações, em especial os associados com as causas e as ocorrências de precipitação.

A previsão de precipitação, bem como das demais condições meteorológicas, é extremamente flutuante e há modelos matemáticos que esquematizam os principais eventos e/ou fenômenos que condicionam as previsões, possibilitando, assim, a "previsão do tempo". Por exemplo: o modelo regional Eta, que é um modelo de área limitada, vem sendo utilizado operacionalmente desde 1996 no Centro de Previsão de Tempo e Estudos Climáticos do Instituto Nacional de Pesquisas Espaciais (CPTEC/Inpe) – o qual pode ser visualizado em sua página na internet. O Eta é um modelo que apresenta resoluções espaciais de 40 × 40 km e de 20 × 20 km capaz de cobrir grande parte da América do Sul (Chou, 1996). Esse modelo gera previsões horárias de variáveis meteorológicas para prazos de 12, 24, 36, 48, 60 e 72 horas.

■ Para saber mais

Para entender melhor o modelo Eta, acesse:

CHOU, S.-C. Modelo Regional ETA. Centro de Previsão de Tempo e Estudos Climáticos (CPTEC) – Instituto Nacional de Pesquisas Espaciais (Inpe). Disponível em: <http://climanalise.cptec.inpe.br/~rclimanl/boletim/cliesp10a/27.html>. Acesso em: 12 maio 2014.

São necessários alguns parâmetros básicos para medir uma precipitação: altura pluviométrica (r), duração (t) e frequência de ocorrência ou probabilidade (p) são os principais. A altura pluviométrica (r) corresponde à espessura média da lâmina da água que se formaria no solo como resultado de uma chuva, caso não houvesse escoamento, infiltração ou evaporação da água precipitada. Em outras palavras, a quantidade de chuva é dada pela altura da água caída e acumulada sobre uma superfície plana e impermeável.

A precipitação em forma de chuva pode ser medida e avaliada por três tipos básicos de aparelhos: pluviômetros, pluviógrafos e radares meteorológicos. No Brasil, a maioria das estações de medição utiliza os pluviômetros. As medidas realizadas nos pluviômetros são expressas em milímetros de chuva.

A duração (t), por sua vez, é o período de tempo contado desde o início até o fim da chuva, expresso geralmente em horas ou minutos.

Já a frequência de ocorrência é a quantidade de ocorrências de eventos iguais ou superiores ao evento de chuva considerado. Além desses parâmetros, podemos citar a intensidade de precipitação, que é a relação entre a altura pluviométrica e a duração da chuva, expressa em mm/h ou mm/min.

As leituras feitas pelo observador no pluviômetro são realizadas em intervalos de 24 horas, em provetas graduadas, e são anotadas em cadernetas próprias enviadas à agência responsável pela rede pluviométrica todo final do mês. Essas leituras se referem quase sempre ao total precipitado das 7 horas da manhã do dia anterior até às 7 horas do dia da leitura.

As leituras dos pluviógrafos, que são realizadas por meio de pluviogramas, fornecem o total de precipitação acumulado no decorrer do tempo e apresentam grandes contagens sobre os medidores sem registro. Assim, tornam-se indispensáveis para o estudo das ocorrências de chuvas em períodos curtos de tempo.

2.7.1 Pluviômetro

O pluviômetro possui uma superfície de capacitação horizontal delimitada por um anel metálico e um reservatório que acumula a água recolhida (figuras 2.9 e 2.10).

Figura 2.9 – Esquema de um pluviômetro

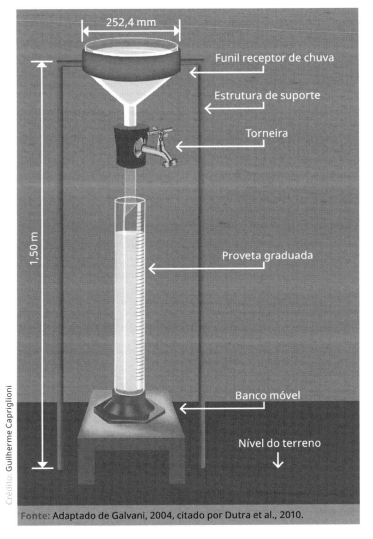

Fonte: Adaptado de Galvani, 2004, citado por Dutra et al., 2010.

Figura 2.10 – Pluviômetro

Esse aparelho possui uma área de captação de 400 cm², de modo que um volume de 40 ml corresponde a 1 mm de precipitação. A água acumulada no aparelho é extraída por meio de uma torneira, em horários prefixados. Calcula-se a precipitação da seguinte forma:

$$p = 10 \cdot \frac{V}{A}$$

Em que:
- p é a precipitação em mm;
- V é o volume recolhido em cm³ ou ml;
- A é a área da captação do anel em cm².

De preferência, o pluviômetro deve ser instalado em um terreno plano, livre de obstáculos, igual ao dobro de sua altura. As normas da Agência Nacional de Energia Elétrica (Aneel) recomendam que o aro que delimita o pluviômetro esteja a uma altura de 1,50 m do solo.

2.7.2 Pluviógrafo

O pluviógrafo registra continuamente as variações das alturas pluviais ao longo do tempo.

Existem vários tipos de pluviógrafos que armazenam a informação de forma analógica ou digital. Os aparelhos analógicos registram graficamente a chuva acumulada (nas ordenadas) contra o tempo (abscissas), como mostra a Figura 2.11.

Figura 2.11 – Pluviógrafo com aparelho que registra os dados

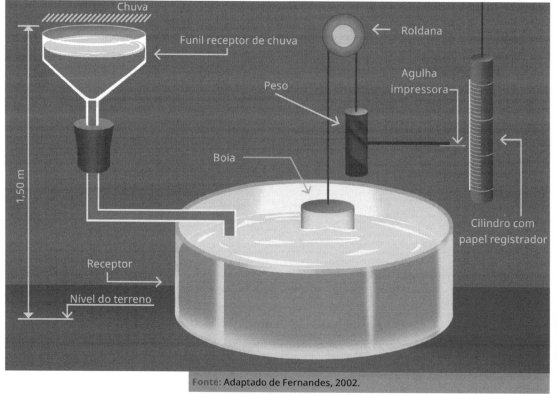

Fonte: Adaptado de Fernandes, 2002.

2.7.3 Radar meteorológico

A medição de chuva por radar baseia-se na emissão de pulsos de radiação eletromagnéticos que são refletidos pelas partículas de chuva na atmosfera e na medição da intensidade do sinal refletido (Figura 2.12).

Figura 2.12 – Esquema de estimativa por radar

Fonte: Adaptado de Collischonn; Tassi, 2008.

A relação entre a intensidade do sinal enviado e recebido, denominado *refletividade*, correlaciona-se com a intensidade de chuva que cai em uma região. A distribuição espacial da chuva pode ser estabelecida em cada instante e em um raio de até 200 km. No Brasil, são poucos os radares para uso meteorológico, apenas no Estado de São Paulo é que existem alguns em operação. Em países desenvolvidos, como Estados Unidos, Inglaterra e Alemanha, a cobertura por radar, para estimar a chuva, é completa.

2.8 Classificação das chuvas e suas características

As águas de drenagem superficial provêm fundamentalmente de precipitações pluviométricas e seus possíveis transtornos decorrentes desses escoamentos devem ser neutralizados pelos sistemas de drenagem pluviais ou esgotos pluviais. Essas precipitações podem provir tanto da chuva, forma mais comum, como de formas mais moderadas, como neblinas, garoas ou geadas, ou ainda mais violentas, como furacões, precipitações de granizo, nevascas etc. No entanto, nas formas mais moderadas e violentas, as providências coletivas ou públicas são de natureza específica para cada caso.

Na hidrologia, são três os tipos de chuvas, classificadas quanto ao processo de formação: chuvas convectivas, orográficas e frontais ou ciclônicas, como demonstrado na (Figura 2.13).

Figura 2.13 – Tipos de chuva

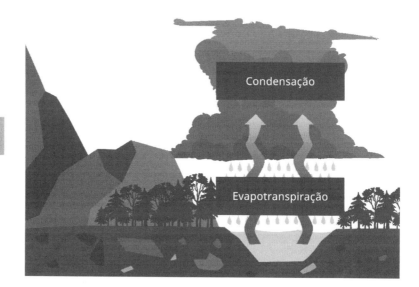

1 – Chuva convectiva

2 – Chuva frontal

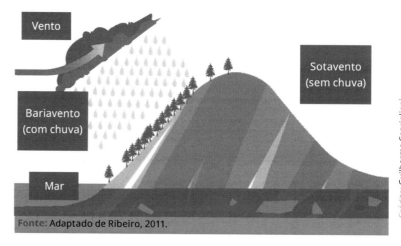

3 – Chuva orográfica ou de relevo

Fonte: Adaptado de Ribeiro, 2011.

Já do ponto de vista técnico, as chuvas podem ser classificadas em três grupos: ligeiras, moderadas e pesadas. Independentemente da classificação, a unidade de medida utilizada é sempre o milímetro, que representa a altura relativa à quantidade de água precipitada em uma proveta graduada. Por exemplo: as chuvas ligeiras correspondem a uma precipitação inferior a 2,5 mm por hora; as moderadas, a índices de 2,8 a 7,6 mm; e as pesadas, a índices superiores a 7,6 mm.

2.9 Conceitos dos tipos de chuvas

As chuvas convectivas são precipitações formadas pela ascensão das massas de ar quente da superfície, carregadas de vapor d'água. Ao subir, o ar sofre resfriamento, provocando a condensação do vapor de água presente e, consequentemente, a precipitação. São características desse tipo de precipitação a curta duração, a alta intensidade, as frequentes descargas elétricas e a abrangência de pequenas áreas (Figura 2.13).

> As chuvas convectivas são também chamadas de chuvas de verão. Quando o ar úmido for aquecido na vizinhança do solo, podem criar camadas de ar quente que se mantêm em equilíbrio instável. Essa camada sobe, sendo resfriado rapidamente, condensando o vapor atmosférico, formando nuvens e, em muitas vezes, precipitações. São características de regiões equatoriais, onde os ventos são fracos e os movimentos de ar são essencialmente verticais. (Teixeira, 2010, p. 39-40)

As chuvas orográficas são, em geral, provocadas pelo deslocamento de camadas de ar úmido para cima devido à existência de elevação natural do terreno por longas extensões. Elas se caracterizam pela longa duração e baixa intensidade, abrangendo grandes áreas por várias horas de forma contínua e sem descargas elétricas. Esse tipo de chuva ocorre pela influência do relevo (Figura 2.13), "quando ventos úmidos proveniente [sic] do oceano encontram barreiras montanhosas no continente, elevando-se e resfriando-se, formando nuvens e ocorrência de chuvas. São chuvas de pequenas intensidades e grande duração, que cobrem pequenas áreas" (Teixeira, 2010, p. 40).

As chuvas frontais ou ciclônicas originam-se do deslocamento de frentes frias ou quentes contra frentes termicamente contrárias (Figura 2.13). Elas são mais fortes que as orográficas, mas abrangem, como elas, grandes áreas, precipitando-se intermitentemente com breves intervalos de estiagem e com a presença de violentas descargas elétricas. "São chuvas de duração média e longa, provenientes de choques de massa de ar quente e frio. O ar frio, mais denso, empurra a massa de ar quente para cima, que se resfria e condensa o vapor d'água, produzindo chuvas" (Teixeira, 2010, p. 39). Essas precipitações podem vir acompanhadas de ventos fortes com circulação ciclônica, por isso, em algumas literaturas, aparecem como *chuvas ciclônicas*.

Já a chuva frontal origina-se do encontro de massas de ar com diferentes características de temperatura e umidade. Dependendo do tipo de massa que avança sobre a outra, as frentes podem ser denominadas basicamente de *frias* e *quentes*. Nesse processo ocorre a "convecção forçada", ou seja, a massa de ar quente e úmida se sobrepõe à massa fria e seca. Com a massa de ar quente e úmida elevando-se, ocorre o processo de resfriamento adiabático, com condensação e posterior precipitação.

As chuvas convectivas decorrem do processo de convecção livre, em que ocorre resfriamento adiabático, formando-se nuvens de grande desenvolvimento vertical. As chuvas orográficas ocorrem em regiões onde barreiras orográficas forçam a elevação do ar úmido – por exemplo, em um morro e/ou montanha etc. –, provocando convecção forçada, o que resulta em resfriamento adiabático e chuva na face a barlavento. Na face a sotavento, ocorre a sombra de chuva, isto é, a ausência de chuvas devido ao efeito orográfico.

A seguir apresentamos as características dos tipos de chuva. Veja as semelhanças e diferenças de cada tipo, cada qual com suas especificidades.

Características das chuvas frontais

- Distribuição: generalizada na região.
- Intensidade: fraca a moderada, dependendo do tipo de frente.
- Predominância: sem horário predominante.
- Duração: média a longa (horas a dias), dependendo do tipo da velocidade de deslocamento.

Características das chuvas convectivas

- Distribuição: localizada, com grande variabilidade espacial.
- Intensidade: moderada a forte, dependendo do desenvolvimento vertical da nuvem.
- Predominância: no período da tarde/início da noite.
- Duração: curta a média (minutos a horas).

Características das chuvas orográficas

- Distribuição: grandes áreas.
- Intensidade: baixa.
- Predominância: por várias horas, continuamente e sem descargas elétricas.
- Duração: longa.

A importância das chuvas, a definição de suas formações, previsões e tipos, bem como a avaliação da quantidade e da distribuição das precipitações, definem o clima de uma região (seco ou úmido) e, junto com a temperatura do ar, o tipo de vegetação natural que ocorre nas diferentes regiões do globo. De forma análoga, a quantidade e a distribuição das chuvas definem também o potencial agrícola tanto em escala local quanto regional.

■ Síntese

Na natureza, há um permanente intercâmbio de água entre os seres vivos, o ar, o solo e o oceano. A água determina o grau de umidade do ar e do solo, afeta os climas e os ventos (Carrara, 2003). Por ser tão importante, o ciclo hidrológico é dividido em dois: o grande ciclo (que envolve só o meio ambiente) e o pequeno ciclo (que é uma ligação entre os seres vivos e o meio ambiente).

No grande ciclo o sol provoca a evaporação da água de oceanos, rios e lagos. Acumulado na atmosfera, o vapor d'água forma as nuvens, que são levadas pelos ventos para os continentes. Quando resfria, o vapor da água condensa e forma a chuva, que devolve a água para o solo, os rios, os lagos e os oceanos. Parte dessa água evapora e retorna à atmosfera, outra parte escoa superficialmente (acumulando-se nos rios e nos lagos) ou infiltra-se no solo, compondo uma faixa de água subterrânea que denominamos *lençóis freáticos*.

Em determinados pontos do relevo, esses lençóis freáticos sobem à superfície, constituindo as nascentes dos rios (as minas d'água) que fluem para o mar, onde se recomeça o grande ciclo da água.

No pequeno ciclo, as plantas absorvem água pelas raízes, enquanto os animais o fazem pela ingestão de alimentos e água. Ao passar por processos metabólicos essenciais à vida, a água sai pela transpiração ou pela urina, no caso dos animais. Quando as bactérias morrem e outros micróbios decompositores reciclam a água da matéria morta, ela é devolvida ao ambiente na forma de vapor.

A bacia hidrográfica é usualmente definida como a área na qual ocorre a captação de água (drenagem) para um rio principal e seus afluentes devido às suas características geográficas e topográficas. Os principais elementos componentes das bacias hidrográficas são:

- divisor de águas: delimita fisicamente a bacia;
- vertentes: orientam o escoamento e influenciam na velocidade e no volume de águas e de sedimentos transportados pela bacia de acordo com suas variações altimétricas e declividades;
- rede hidrográfica: composta por um conjunto de rios (afluentes e subafluentes) que convergem para um rio principal;
- seção de controle: local por onde toda a água captada na bacia (enxurrada e corpos d'água) é drenada;
- rede de drenagem: constitui-se de todos os corpos d'água da bacia e canais de escoamento.

As bacias possuem uma classificação de acordo com sua importância. Nesse sentido, podem ser subdivididas em:

- principais: que abrigam os rios de maior porte;
- secundárias e terciárias: que abrigam os rios de menor porte.

Elas também podem ser classificadas segundo a localização, como litorâneas ou interiores. Além dessas classificações, ainda temos as bacias pequenas, representativas, experimentais e elementares.

Já no caso das chuvas, do ponto de vista técnico em geral, elas se classificam em três grandes grupos, de acordo com a quantidade de líquido ao longo de determinado intervalo de tempo, denominado *índice pluviométrico*.

A unidade de medida utilizada é o milímetro, que representa a altura relativa à quantidade de água precipitada em uma proveta graduada. Assim, as chuvas ligeiras são aquelas correspondentes a uma precipitação inferior a 2,5 mm por hora; as moderadas, a índices de 2,8 mm a 7,6 mm; e as pesadas, a índices superiores a 7,6 mm. Na hidrologia são considerados ainda três tipos de chuvas de acordo com o processo de formação: chuvas convectivas, orográficas e frontais.

■ Questões para revisão

1. Qual é a importância das mudanças de estado físico da água no ciclo hidrológico?

2. Descreva sucintamente o ciclo hidrológico.

3. Quais os principais elementos topográficos que constituem uma bacia hidrográfica?

   a] O divisor de águas, as vertentes, a rede hidrográfica, a seção de controle e a rede de drenagem.

   b] As redes hidrográficas, as microbacias, o lençol freático e o solo.

   c] A placa tectônica, o solo, a rede hidrográfica, o lençol freático e a rede de drenagem.

   d] O divisor de águas, a seção de controle, a placa tectônica e as sub-bacias.

   e] Nenhuma das alternativas está correta.

4. As chuvas convectivas são de:

   a] grande intensidade, curta duração, pequena abrangência espacial e grandes impactos em drenagem urbana.

   b] baixa intensidade, grandes áreas de atuação e longa duração.

   c] grande intensidade, grandes áreas de atuação e longa duração.

   d] média intensidade, grandes áreas de atuação e longa duração.

   e] Nenhuma das alternativas anteriores está correta.

5. Quais são os tipos de chuvas de acordo com o seu processo de formação?

   a] Chuvas ligeiras, moderadas e pesadas.

   b] Chuvas convectivas, orográficas e frontais.

   c] Chuvas de granito, torrenciais e de granada.

   d] Chuvas fortes, fracas e moderadas.

   e] Nenhuma das alternativas está correta.

■ QUESTÕES PARA REFLEXÃO

1. Analisando o histórico do estudo da hidrologia, podemos dizer que ele não era considerado importante há quase 40 anos. Por que se tornou relevante hoje?

2. Quais são as consequências das interferências humanas no ciclo hidrológico?

Para saber mais

No Centro de Educação Ambiental (CEA) da Secretaria de Meio Ambiente (SMA), em São Paulo, capital, há duas maquetes expostas. Essas maquetes são itinerantes e apresentam modelos de bacias hidrográficas mostrando duas situações distintas: propriedades rurais com boas práticas de conservação de solo, mata ciliar e pastoreio, e outra sem qualquer planejamento, com áreas degradadas e erosão. Esses locais possuem circuitos eletrônicos com *leds* que iluminam os limites das áreas de preservação permanente (APP), reserva legal, assoreamento etc.

Para conhecer, acesse:

FRANCISCO, C. Maquete de bacia hidrográfica – watershed models. 2011. Disponível em: <http:// www.youtube.com/watch?v=rFBXFq9dMNE &feature=colike>. Acesso em: 22 abr. 2013.

Capítulo

3

O escoamento superficial, as enchentes e as ocupações nas bacias hidrográficas

Conteúdos do capítulo

- Escoamento superficial: características, componentes, conceitos e formação.
- Processo físico associado ao escoamento superficial.
- Ocorrências e quantificação dos escoamentos superficiais.
- Fatores que influem no escoamento superficial.
- Grandezas associadas ao escoamento superficial: vazões.
- Estimativas do escoamento superficial.
- Consequências do escoamento superficial.
- As ocupações nas bacias hidrográficas e sua influência sobre os escoamentos e as enchentes.

Após o estudo deste capítulo, você será capaz de:

1. conhecer a formação e os principais componentes e conceitos do escoamento superficial;
2. reconhecer os processos físicos do escoamento superficial com suas ocorrências e sua quantificação;
3. analisar os métodos de estimativas do escoamento superficial, bem como suas grandezas físicas;
4. compreender as consequências do escoamento superficial;
5. relacionar as ocupações nas bacias hidrográficas e o escoamento superficial, bem como as formação de enchentes.

3.1 Escoamento superficial: características, componentes, conceitos e formação

Um dos segmentos do ciclo hidrológico é o escoamento superficial, que se refere ao deslocamento das águas sobre o solo. Já mencionamos que o ciclo hidrológico pode ser influenciado por vários fatores, entre eles o escoamento superficial, que é parte integrante das fases desse processo e consiste em uma das formas de ocorrência de água no ciclo (Targa et al., 2012). Além disso, é de grande importância para o manejo e a conservação dos recursos naturais, tal como o solo, a água e as plantas, bem como para o progresso e desenvolvimento local. É também de fundamental relevância para o projeto de obras civis, dimensionadas de modo a suportar as vazões máximas decorrentes do escoamento superficial.

O escoamento superficial é a fase que trata da ocorrência e transporte da água na superfície terrestre. Isso se deve à precipitação, pois ao chegar ao solo, parte fica retida quer seja em depressões quer seja como película em torno de partículas sólidas. Quando a precipitação já preencheu as pequenas depressões do solo, a capacidade de retenção da vegetação foi ultrapassada e foi excedida a taxa de infiltração, começa a ocorrer o escoamento superficial. Inicialmente, formam-se pequenos filetes que escoam sobre a superfície do solo até se juntarem em corredeiras, canais e rios. O escoamento ocorre sempre de um ponto mais alto para outro mais baixo, ou seja, sempre das regiões mais altas para as regiões mais baixas até o mar. Em um ciclo hidrológico equilibrado espera-se que uma parte do volume total de precipitação seja interceptada pela vegetação, enquanto o restante atinja a superfície do solo, provocando o umedecimento dos agregados do solo e reduzindo suas forças coesivas. Com a continuidade da ação das chuvas, ocorre a desintegração dos agregados em partículas menores. A quantidade de solo desestruturado aumenta com a intensidade da precipitação, a velocidade e o tamanho das gotas. Além de ocasionar a liberação de partículas, que obstruem os poros do solo, o impacto das gotas tende também a compactar esse solo ocasionando o selamento de sua superfície e, consequentemente, reduzindo a capacidade de infiltração da água. O empoçamento da água, nas depressões existentes na superfície do solo, começa a ocorrer somente quando a intensidade de precipitação excede a velocidade de infiltração, ou quando a capacidade de acumulação de água no solo for ultrapassada. Esgotada a capacidade de retenção superficial, a água começará a escoar. (Teixeira; Protzek, 2010, p. 62)

Associado ao escoamento superficial está o transporte de partículas do solo que se depositam somente quando a velocidade do escoamento superficial é reduzida. "Além das partículas de solo em suspensão, ele transporta nutrientes químicos, matéria orgânica, sementes e defensivos agrícolas, que não só causam prejuízos diretos à produção agropecuária", mas também poluição dos cursos d'água, assunto que abordaremos mais adiante (Silva et al., 2006, p. 705).

3.2 Processo físico associado ao escoamento superficial

Estimativas das vazões máximas de escoamento superficial são frequentemente necessárias, tanto em bacias hidrográficas com ocupação agrícola quanto em urbanas (Bonta; Rao, 1992). O dimensionamento de drenos, barragens e obras de proteção contra cheias e erosão hídrica requer o estudo das precipitações intensas, a fim de obter a quantidade de chuva com a qual é definida a vazão a ser utilizada.

No projeto de estruturas de controle de erosão e inundação são necessárias, também, informações sobre o escoamento superficial. Quando o objetivo é reter ou armazenar toda a água, o conhecimento do volume escoado é suficiente. Em contrapartida, para conduzir o excesso de água para um outro lugar, a vazão de escoamento superficial é mais importante (Schwab et al., 1966).

3.3 Ocorrências e quantificação do escoamento superficial

O primeiro passo para determinar a descarga de água consiste em calcular a fração da precipitação que se transforma em escoamento superficial.

Aplicar métodos empíricos na predição do escoamento superficial, resultante de uma precipitação, pode ser uma primeira aproximação, que deve ser corrigida depois com base na avaliação do sistema em operação. Em bacias desprovidas de instrumentação é mais difícil e menos preciso determinar o escoamento superficial.

Um estudo realizado pelo Water Resources Council, citado por Bonta e Rao (1992), enfatiza a dificuldade de aplicar os procedimentos a fim de estimar o escoamento superficial, visto a imprecisão de alguns métodos usados com frequência e a grande variabilidade na estimativa, que pode ser obtida por diferentes profissionais ao seguir um mesmo procedimento. Por tais motivos, nessa abordagem sobre o escoamento superficial será considerada, exclusivamente, a análise relacionada ao escoamento da água sobre a superfície do solo antes de sua concentração em cursos d'água.

3.4 Fatores que influenciam no escoamento superficial

Os fatores que influenciam o escoamento superficial podem ser de natureza climática, geralmente denominados *agroclimáticos*, ou fisiográfica. Os de natureza *climática* recebem esse nome porque envolvem características climáticas e condições edáficas, que podem ser fisiográficas, isto é, relacionam-se à precipitação. Os de natureza fisiográfica, por sua vez, estão ligados às características físicas de uma bacia.

Os fatores agroclimáticos abrangem:

- quantidade, intensidade e duração da precipitação;
- cobertura e condições de uso do solo;
- evapotranspiração.

Já os fatores fisiográficos abarcam:

- área, forma e declividade da bacia;
- condições da superfície;
- tipo de solo;
- topografia;
- rede de drenagem;
- obras hidráulicas presentes na bacia.

Além dos fatores que influenciam no escoamento superficial, há grandezas que delimitam a intensidade, a direção e o sentido do escoamento. Veja a seguir quais são essas grandezas, seus conceitos, como aplicá-las e mensurá-las.

3.5 Grandezas associadas ao escoamento superficial

O escoamento superficial é a fase do ciclo hidrológico em que o excesso de água precipitada não se infiltra nem evapora e escoa na superfície na direção de depressões, rios, lagos, cursos d'água e mares. O volume de água escoado superficialmente depende de fatores de natureza edafoclimática e fisiográfica da região. Algumas grandezas caracterizam o escoamento superficial, tais como vazão, coeficiente de escoamento superficial, tempo de concentração, área drenada, nível de água, período de retorno, taxa de escoamento superficial e velocidade de escoamento superficial. A seguir veremos as definições de algumas dessas grandezas, pois conhecê-las, bem como entender o escoamento superficial, é importante para dimensionar obras hidráulicas e para a conservação da água e do solo.

3.5.1 Vazão ou volume escoado

O *escoamento* é definido como o volume de água que atravessa a seção transversal considerada por unidade de tempo. Geralmente, é expresso em metros cúbicos ($m^3 \cdot s^{-1}$), litros ou litros por segundo ($l \cdot s^{-1}$).

A unidade de tempo é a principal grandeza que caracteriza um escoamento. A vazão pode ser *média diária* ou *específica*. A *vazão média diária* é a média aritmética das vazões ocorridas durante o dia, sendo mais comum a medição das 7 às 17 horas. A *vazão específica* é aquela que ocorre por unidade de área da bacia hidrográfica.

Trata-se de uma forma bem potente de expressar a capacidade de uma bacia em produzir escoamento superficial e serve como elemento comparativo entre bacias (Teixeira, 2010, p. 88).

A vazão máxima de escoamento superficial representa importante parâmetro para os projetos de sistemas de drenagem e de obras para controle da erosão e de cheias.

Para um planejamento e manejo integrado adequados de bacias hidrográficas, torna-se fundamental conhecer as vazões máxima, média e mínima para as frequências de interesse. Veremos esse assunto no capítulo seguinte, o qual abordará o hidrograma.

3.5.2 Coeficiente de escoamento superficial (C)

Esse coeficiente é definido como a razão entre o volume de água escoado superficialmente e o volume de água precipitado, sendo expresso pela seguinte equação:

$$C = \frac{\text{Volume de água escoado superficialmente}}{\text{Volume precipitado}}$$

O coeficiente de escoamento superficial, também conhecido como *coeficiente de runoff* ou *coeficiente de deflúvio*, pode se referir a uma chuva ou a um intervalo de tempo no qual ocorrem várias chuvas (Pinto et al., 1999). É interessante notar que, conhecendo o coeficiente de escoamento superficial para uma chuva intensa de certa duração, é possível determinar o escoamento superficial de outras precipitações de intensidade diferente, desde que a duração seja a mesma.

3.5.3 Tempo de concentração (tc)

O tempo de concentração (tc) é o tempo em que uma gota de água leva do ponto mais distante até o trecho considerado saída da bacia. Em outras palavras, trata-se do tempo necessário para que toda a bacia contribua com o escoamento superficial na seção considerada. Além disso, podemos considerar que o *tc* é considerado o tempo de percurso do escoamento até a foz.

Esse tempo pode ser estimado por vários métodos, que levam a valores diferentes. Dentre eles, destaca-se a equação de Kirpich, a qual estudaremos adiante. Esse método normalmente fornece valores menores para o *tc*, o que resulta numa intensidade de chuva maior e, assim, numa maior vazão de cheia.

Vejamos a seguir algumas das maneiras pelas quais é possível calcular o *tc*.

◙ Equação de Kirpich:

$$tc = (0,87\frac{L^3}{H})^{0,385}$$

Em que:

tc = tempo de concentração, em h;

L = comprimento do talvegue principal, em km;

H = desnível entre a parte mais elevada e a seção de controle.

◙ Equação de Giandotti:

$$t_c = \frac{4\sqrt{A} + 1,5L}{0,8\sqrt{H}}$$

Em que:

A = área da bacia em km^2;

L = comprimento horizontal, desde a saída até o ponto mais afastado da bacia em km;

H = diferença de cotas entre a saída da bacia e o ponto mais afastado em m.

◙ Equação derivada com base no método da onda cinemática:

$$t_c = 6,92\frac{(Ln)^{0,6}}{i_m^{0,4}\, I^{0,3}}$$

Em que:

L = comprimento da bacia em m;

n = coeficiente de rugosidade de Manning;

I = declividade da superfície, em mm^{-1};

i_m = precipitação efetiva, em mm.h^{-1}.

◙ SCS – método cinemático:

$$t_c = \frac{1000}{60}\sum_{i=1}^{n}\frac{L_i}{V_i}$$

Em que:

Li = distância percorrida no trecho considerado, em km;

Vi = velocidade média no trecho considerado, em m·s^{-1}.

3.5.4 Período de retorno (T)

O período de retorno (T) é o período ou intervalo de tempo em que um determinado evento volta a se repetir. Raudkivi (1979) argumenta que o número de anos a ser considerado é variado, pois deve-se, por exemplo, levar em conta um período de retorno de dez anos para projetos de conservação de solos e de saneamento agrícola, aos quais as enchentes não trazem prejuízos expressivos. Já para projetos em áreas urbanas ou de importância econômica, recomenda-se utilizar o período de retorno de 50 ou 100 anos.

3.5.5 Nível de água (h)

O nível de água (h) refere-se à altura atingida pela água em relação a um nível de referência, expresso em m. Em geral, as palavras *cheia* e *inundação* referem-se ao nível de água atingido. Denomina-se *cheia* uma elevação normal do curso d'água dentro de seu leito e *inundação* uma elevação não usual do nível, provocando transbordamento e a possibilidade de prejuízos.

3.5.6 Área drenada (A)

A área drenada (A) é o parâmetro determinado mais precisamente. Trata-se de uma das medidas mais fáceis de realizar em um curso d'água e é expressa em m. Refere-se à altura atingida pelo nível d'água em relação a um nível de referência.

3.5.7 Intensidade máxima média da precipitação (i_m)

Pode ser expressa pela seguinte equação:

$$i_m = \frac{K\,T^a}{(t + b)^c}$$

Em que:

T = período de retorno, em anos;

t = duração da precipitação, em min.;

K, a, b, e c = parâmetros de ajuste relativos à estação pluviográfica estudada.

3.6 Estimativas do escoamento superficial

O escoamento superficial como um dos elementos da fase terrestre do ciclo hidrológico tem início com um evento de chuva e se efetiva quando a camada superior do solo, a vegetação e as depressões não são mais capazes de interceptar a água, resultando no seu escoamento sobre a superfície (Tucci, 2002).

Nesse contexto, estimar impactos negativos, como erosões, enchentes e inundações, geralmente provocados pelo escoamento superficial, possibilita avaliar a dinâmica do uso e ocupação do solo, tendo uma bacia hidrográfica como unidade de análise. Além disso, é possível analisar de forma sistêmica a interação de seus diversos elementos e entendê-los melhor no intuito de estudar práticas que possam minimizar tais impactos negativos. Para isso, há estratégias técnicas, tal como o método racional, que relaciona as grandezas que delimitam a intensidade, a direção e o sentido do escoamento com as estimativas das vazões.

3.6.1 Método racional

Originário da literatura técnica norte-americana – Emil Kuichling (1848-1914), citado por UFCG (2014) –, o método racional foi primeiramente desenvolvido para estimar vazões máximas de escoamento em pequenas bacias urbanas, cuja proporção de área impermeável é grande e para as quais o coeficiente de escoamento aproxima-se de 1.

A ampliação do uso do método racional para áreas agrícolas é mais apropriada para bacias que não excedem 100-200 ha.

Para grandes bacias, com longos tempos de concentração, as condições permanentes e a uniformidade da intensidade de precipitação assumida são irreais – sendo assim, erros consideráveis devem ocorrer na estimativa da vazão (Smedema; Rycroft, 1983).

O método racional é, certamente, o mais difundido na prática para determinar vazões de pico em pequenas bacias, como no caso do dimensionamento de galerias pluviais e de bueiros (Pinto et al., 1999). A grande aceitação do método deve-se à sua simplicidade e aos resultados, que costumam ser satisfatórios, desde que respeitadas as condições de validade.

Ele recebe esse nome porque deriva da equação racional de Kuichling e parte do princípio básico de que a vazão máxima, provocada por uma chuva de intensidade uniforme e constante, ocorre quando todas as partes da bacia contribuem simultaneamente com o escoamento na seção de deságue. O tempo necessário para que isso aconteça, medido a partir do início da chuva, é denominado *tempo de concentração* (tc). Entretanto, essa consideração ignora a complexidade real do processo de escoamento superficial, desprezando tanto o armazenamento de água na bacia quanto as variações da intensidade de precipitação e do coeficiente de escoamento superficial durante a precipitação.

O método racional pode ser expresso pela seguinte equação:

$$Q_{max} = \frac{C \, i_m \, A}{360}$$

Em que:

Q_{max} = vazão máxima de escoamento superficial, em $m^3 \cdot s^{-1}$;

C = coeficiente de escoamento superficial, adimensional;

i_m = intensidade máxima média de precipitação para uma duração igual ao tempo de concentração, em $mm \cdot h^{-1}$;

A = área da bacia de drenagem, em ha.

O método racional está, portanto, fundamentado nos seguintes princípios básicos:

a] As precipitações deverão ter alta intensidade e curta duração, sendo a vazão máxima de escoamento superficial aquela que ocorre quando a duração da chuva for igual ao tempo de concentração (tc), situação em que toda a área da bacia deverá contribuir com o escoamento superficial na seção de deságue. Ao considerar essa igualdade, admite-se que a bacia é suficientemente pequena para que essa situação ocorra. Em pequenas bacias, a condição crítica ocorre em virtude das precipitações convectivas, que possuem pequena duração e grande intensidade. Portanto, a chuva deve ter duração suficiente para que toda a bacia contribua com o escoamento superficial na seção de deságue. A consideração de precipitações com duração superior ao *tc* causaria, também, a redução da vazão máxima, pois a tendência natural da intensidade da chuva é decrescer com o aumento da duração da precipitação considerada. O método não considera que, num tempo inferior ao *tc*, embora nem toda a área contribua com o escoamento superficial, a intensidade maior da precipitação pode sobrepujar esse fato e causar uma vazão de escoamento superficial maior do que aquela com duração igual ao *tc*.

b] A precipitação com duração igual ao *tc* ocorre, uniformemente, ao longo de toda a bacia.

c] Em um curto período de tempo, a variação na taxa de infiltração não deverá ser grande. Em geral, assume-se que, durante o evento extremo, o solo está saturado e, portanto, com taxa de infiltração da água no solo igual à taxa de infiltração estável, o que corresponde a uma condição mais desfavorável.

d] O método adota um coeficiente único de perdas, denominado *coeficiente de escoamento superficial*, estimado com base nas características da bacia, e não permite caracterizar o volume de escoamento superficial produzido e a distribuição temporal das vazões.

Embora a denominação *racional* dê a impressão de segurança, o método deve ser aplicado com cuidado, pois envolve simplificações e o uso de coeficientes de grande subjetividade. A imprecisão de seu emprego será tanto maior quanto maior for a área da bacia, uma vez que as hipóteses anteriores se tornam cada vez mais improváveis.

Dessa forma, esse método não deveria ser aplicado para áreas superiores a 5 km^2. No entanto, a simplicidade de sua aplicação e a facilidade em conhecer e controlar os fatores tornam seu uso bastante difundido em estudos sobre as cheias em pequenas bacias hidrográficas e até mesmo para aquelas com área superior a 5 km^2. Smedema e Rycroft (1983) salientam que o termo *racional* foi atribuído à equação na época de seu desenvolvimento para distingui-la de outras equações empíricas amplamente usadas. Vejamos a seguir os fatores considerados no método racional.

3.6.1.1 Fatores considerados no método racional

A duração da chuva, levada em conta na equação anterior, deve ser igual ao tempo de concentração, considerando a intensidade de precipitação constante ao longo desse período. A chuva crítica, para o projeto de obras hidráulicas, é escolhida com base em critérios econômicos. Nesse caso, o período de retorno de cinco a dez anos é utilizado com frequência a fim de eliminar o escoamento superficial, no caso de projeto de sistemas de drenagem agrícola de superfície.

Schwab et al. (1966) recomendam um período de retorno de dez anos para projetos de conservação de solos. Já Euclydes (1986) recomenda dez anos somente para o dimensionamento de projetos de saneamento agrícola, nos quais as enchentes não trazem prejuízos muito expressivos como a recuperação de várzeas para pastagens. Para projetos em áreas urbanas ou de maior importância econômica, recomenda-se o período de retorno de 50 ou 100 anos. As dificuldades em estabelecer o período de retorno adequado para cada situação fazem com que a escolha recaia, muitas vezes, em valores recomendados na literatura (Silva, C. R. da et al., 2009).

Para o projeto de pequenas barragens, Iryda (1986) acredita que períodos de retorno de 50 ou 100 anos podem ser suficientes. Entretanto, para casos em que a ruptura da barragem coloca em perigo a vida das pessoas ou possa causar grandes prejuízos econômicos, o autor aconselha períodos de retorno maiores, ou seja, da ordem de 500 anos. O Departamento Nacional de Águas e Energia Elétrica (DNAEE, 1985) recomenda que, no dimensionamento de vertedores associados a microcentrais hidrelétricas, o período de retorno seja de 100 anos, quando não houver riscos potenciais a jusante, e de 200 anos, em caso de riscos de danos expressivos à jusante.

Na aplicação do método racional, o período de retorno é escolhido admitindo que o período de retorno associado à vazão máxima é igual ao da precipitação que a provoca. Isso não é exatamente verdadeiro, pois uma grande cheia não depende apenas de uma grande precipitação, mas também da situação da bacia quanto às condições que interferem no escoamento superficial. Como via de regra, o método racional é aplicado sem levar em conta a influência do armazenamento superficial sobre a vazão máxima.

A vazão específica será tanto maior quanto maior for a i_m, isto é, quanto menor for a duração da precipitação. Porém, a vazão máxima aumentará também com o aumento da área da bacia de contribuição. Entretanto, com esse aumento, também cresce o valor da duração da precipitação a ser considerada. Para atender a essas duas condições, que se opõem, fixa-se a duração da chuva em um valor igual ao tempo de concentração.

Pela análise física do processo de escoamento superficial, os fatores que influenciam o valor da duração da precipitação, em que toda a área da bacia considerada passa a contribuir com o escoamento na seção de deságue, são: área da bacia, comprimento e declividade do canal mais longo (principal), forma da bacia, declividade média do terreno, declividade e comprimento dos efluentes, rugosidade do canal, tipo de recobrimento vegetal e características da precipitação.

Portanto, o tempo de concentração não é constante para uma dada área, mas varia de acordo com outros fatores, como o tipo e a condição de cobertura da área e a altura e a distribuição da chuva sobre a bacia. Entretanto, com o aumento do período de retorno considerado, a influência desses fatores diminui.

A análise das equações apresentadas para o cálculo do tempo de concentração permite as seguintes conclusões: primeira, as equações têm comportamentos similares até L = 10 km e, a partir daí, passam a divergir – comportamento esperado, uma vez que os estudos que as originaram, em geral, se referem a bacias desse porte; segunda, o método cinemático é o mais correto sob o ponto de vista conceitual, pois permite considerar as características específicas do escoamento na bacia em estudo. É também o mais trabalhoso, pois exige a divisão dos canais em trechos uniformes e a determinação de suas características hidráulicas para a aplicação da equação de Manning.

Ainda, as equações apresentadas para o cálculo do tempo de concentração, o comprimento e a declividade do curso d'água principal da bacia são as características mais frequentemente utilizadas para esse cálculo. Por fim, é difícil dizer qual das equações terá melhores resultados em determinada bacia, pois todas foram obtidas para condições particulares.

O erro na estimativa do tempo de concentração será tanto maior quanto menor for a duração considerada, uma vez que é maior a variação da intensidade de precipitação com o tempo nessa condição. Já para grandes durações, as variações de intensidade com incrementos iguais de tempo são bem menores.

Além das equações mencionadas, ainda se calcula o coeficiente de escoamento superficial (C), já comentado, pois, do volume precipitado sobre a bacia, apenas uma parte atinge a seção de deságue sob a forma de escoamento superficial, uma vez que parte da água é interceptada, outra parte preenche as depressões e mais outra se infiltra no solo, umedecendo-o e abastecendo o lençol freático.

O volume escoado representa, portanto, apenas uma parcela do volume precipitado, sendo que a relação entre os dois é denominada *coeficiente de escoamento* e é obtida pela equação anterior. As quantidades interceptadas – armazenadas na superfície, infiltrada e escoada – podem variar consideravelmente de uma precipitação para a outra, fazendo com que o coeficiente de escoamento superficial também varie. A percentagem de chuva convertida em escoamento superficial aumenta com a intensidade e a duração da precipitação.

Segundo Tassi (2006), um dos parâmetros mais importantes no escoamento superficial diz respeito à caracterização do uso e à cobertura do solo, que possui grande influência para determinar a precipitação efetiva. No caso do método racional, o parâmetro relacionado com a caracterização do uso e da ocupação do solo é o coeficiente de escoamento. No método criado pelo *Soil Conservation Service* vinculado ao Departamento de Agricultura dos Estados Unidos (SCS-USDA), o parâmetro que caracteriza o uso e ocupação do solo é a Curva-Número (CN). Veja a Tabela 3.1.

Tabela 3.1 – Valores de coeficiente superficial (C) recomendados pelo SCS-USDA

Declividade (%)	Solos arenosos	Solos francos	Solos argilosos
	Florestas		
0 – 5	0 – 10	0 – 30	0 – 40
5 – 10	0 – 25	0 – 35	0 – 50
10 – 30	0 – 30	0 – 50	0 – 60
	Pastagens		
0 – 5	0 – 10	0 – 30	0 – 40
5 – 10	0 – 15	0 – 35	0 – 55
10 – 30	0 – 20	0 – 40	0 – 60
	Terras cultiváveis		
0 – 5	0 – 30	0 – 50	0 – 60
5 – 10	0 – 40	0 – 60	0 – 70
10 – 30	0 – 5	0 – 70	0 – 80

Fonte: Adaptado de Tucci, 1993, p. 373-441.

Para as condições em que há variação do coeficiente de escoamento superficial ao longo da área analisada, ele poderá ser determinado pela seguinte equação:

$$C = \frac{\sum_{i=1}^{n} C_i A_i}{A}$$

Em que:

C = coeficiente de escoamento superficial para a área de interesse, adimensional;

C_i = coeficiente de escoamento superficial para a subárea i, adimensional;

A_i = subárea considerada, em ha;

A = área total considerada, em ha.

3.6.2 Método racional modificado

Para o método racional, temos também a seguinte equação:

$$Qmax = \frac{C\,i\,A}{360}\,\varphi$$

Em que:

φ = coeficiente de retardamento, adimensional.

O coeficiente de retardamento procura corrigir o retardamento em relação ao início da precipitação que o escoamento superficial pode sofrer. Se essa variável fosse considerada no método racional, seria escolhida uma chuva mais longa e, desse modo, com intensidade mais baixa. Com a aplicação do coeficiente de retardamento, que varia entre 0 e 1, procura-se uma compensação para esse efeito, que não é considerado no método racional.

3.6.3 Método do número da curva (SCS-USDA)

Esse método permite estimar o volume (lâmina) de escoamento superficial a partir de dados de precipitação e de outros parâmetros da bacia. O método foi desenvolvido pelo SCS em 1972, vinculado ao USDA, a partir de dados de um grande número de bacias experimentais. A análise dessas informações permite evidenciar a seguinte relação:

$$\frac{I}{S} = \frac{ES}{Pe}$$

Em que:

I = infiltração acumulada após o início do ES, em mm;

S = infiltração potencial, em mm;

ES = escoamento superficial total, em mm;

Pe = escoamento potencial ou excesso de precipitação, em mm.

A primeira equação é válida a partir do início do escoamento superficial, sendo:

$$Pe = PT - I_a$$

Em que:

PT = infiltração acumulada após o início do ES, em mm;

Ia = infiltração potencial, em mm;

O *hidrograma unitário* é um hidrograma de escoamento superficial unitário (1 mm, 1 cm, 1 polegada) gerado por uma chuva uniforme distribuída sobre a bacia hidrográfica, com intensidade constante de certa duração. Para dada duração de chuva, o hidrograma constitui uma característica própria da bacia, refletindo as condições de deflúvio para o desenvolvimento da onda de cheia. A definição de *chuva unitária* é arbitrária, entretanto, para efeito de comparação entre hidrogramas unitários, costuma-se manter um padrão. Por exemplo: uma chuva com 1 mm e 1 hora de duração pode ser adotada como chuva unitária.

3.7 Consequências do escoamento superficial

Já sabemos que, no processo de escoamento superficial, a água escoada leva partículas de solo e retira sua camada mais fértil, que contém matéria orgânica. A presença de matéria orgânica constitui-se um fator importante para as características físicas, químicas e biológicas do solo, sendo um dos principais parâmetros de avaliação da qualidade e da fertilidade do solo (Souza et al., 2007). Portanto, é desejável a conservação da matéria orgânica no solo, o que não ocorre com o escoamento superficial. Segundo Montebeller (2009), a perda da camada superficial do solo poderá ocasionar, nas próximas décadas, produção insuficiente de alimentos para a população mundial.

Além da camada superficial do solo, o escoamento transporta também compostos químicos, sementes e defensivos agrícolas, trazendo prejuízos financeiros para a área agrícola, o que pode contaminar cursos d'água e restringir ou até mesmo impedir a utilização de recursos hídricos. Segundo Oliveira et al. (2005), o escoamento

superficial é considerado, hoje, a principal forma de contaminação dos mananciais de água superficial. Isso ocorre justamente devido ao transporte de sedimentos e produtos químicos, que podem, no caso dos últimos, ser responsáveis pela deterioração imediata do curso d'água, ao passo que o transporte de sedimentos pode trazer outros impactos, como a erosão hídrica.

A erosão hídrica ocorre quando há ruptura do equilíbrio natural do solo e as forças advindas de fatores climáticos, como a chuva e o vento, tornam-se suficientes para desequilibrar esse sistema (Pereira et al., 2013). A erosão hídrica consiste no desprendimento e no transporte de partículas do solo causados pela ação do escoamento superficial. Os sedimentos transportados pela água apresentam-se dispersos, em suspensão ou na forma de agregados de vários tamanhos. Esses agregados se movem por salpico, rolagem e arraste, enquanto os sedimentos em suspensão estão distribuídos uniformemente na lâmina escoada. Conforme apontam Reichert e Cabeda (1992), o processo de erosão hídrica é composto por três fases: desagregação, transporte e deposição. A primeira delas é causada pelo impacto das gotas de chuva sobre o solo, a segunda pela ocorrência do escoamento superficial e a terceira pela diminuição da velocidade da água escoada.

O escoamento superficial atua, portanto, nas fases dois e três da erosão hídrica. Na segunda fase, a água escoada remove desde a camada superficial do solo, no início do escoamento, podendo causar a erosão em sulcos e voçorocas quando a velocidade e a concentração do escoamento aumentam (Reichert; Cabeda, 1992).

A ocorrência e a intensidade da erosão hídrica dependem de um conjunto de fatores, como a duração e intensidade da chuva, a capacidade do solo de reter água, a declividade do terreno, os métodos de cultivo existentes no solo e a densidade da cobertura vegetal. Esses fatores determinam a erodibilidade do solo (Oliveira et al., 2005).

As perdas por erosão tendem a elevar os custos de produção, tendo em vista a necessidade de aumento do uso de corretivos e fertilizantes e a redução no rendimento operacional das máquinas agrícolas. O processo de erosão hídrica acarreta prejuízos agrícolas, uma vez que o solo se deteriora e pode se tornar, assim, impróprio para o cultivo ou necessitar de um intenso trabalho mecânico a fim de que possa ser utilizado na agricultura. No Brasil, em grande parte na região tropical, a erosão hídrica é de maior interesse, pois tem ocorrência mais frequente, processa-se com maior rapidez e causa grandes prejuízos não só ao setor agrícola, mas também a diversas outras atividades econômicas e ao próprio meio ambiente (Pereira et al., 2013).

O escoamento superficial também pode promover o selamento da superfície do solo, pois as pequenas partículas que se desprendem pelo movimento da água sofrem movimentos descendentes e se depositam novamente no solo, entupindo seus macroporos. Conforme Valentin e Bresson (1992, citados por Souza et al., 2007), o selamento superficial cria uma fina crosta, cuja espessura pode variar de 0,1 mm até 50 mm ou mais. Esse encrostamento é responsável pela diminuição ou até pelo impedimento da infiltração da água, o que aumenta o escoamento superficial e potencializa os processos erosivos.

Com base nos efeitos do escoamento superficial descritos aqui, podemos concluir que esse fenômeno é um problema ambiental e, portanto, torna-se necessário estudar formas de contê-lo e direcioná-lo, visando a meios de impedir e/ou amenizar suas consequências.

3.7.1 Contenção e direcionamento do escoamento superficial

Existem práticas que podem ser implementadas para que a água advinda do escoamento superficial seja contida e direcionada, amenizando, dessa forma, suas consequências. Essas práticas perpassam pelo uso de vegetação e preparo do solo até a utilização de máquinas agrícolas. Algumas práticas edáficas, vegetativas e mecânicas são descritas nas seções a seguir.

3.7.1.1 Práticas edáficas

As práticas conhecidas como *edáficas* são aquelas em que se busca adequar o sistema de cultivo para manter ou melhorar a fertilidade do solo. Dentre elas, podem ser citadas as seguintes (Pruski, 2008):

- Controle de queimadas – Prática que consiste em colocar fogo, de forma controlada, em áreas delimitadas, com o objetivo de limpar a área dos resíduos de culturas passadas e controlar pragas e doenças que atacam as culturas. Mesmo que possa trazer prejuízos de fertilidade ao solo a longo prazo, depois de aplicada essa prática intensifica o desenvolvimento vegetativo, pois ele é beneficiado pelos componentes nutritivos contidos nas cinzas resultantes do processo.

- ◎ **Adubação química** – Reposição de nutrientes do solo por meio da utilização de compostos químicos.
- ◎ **Adubação orgânica** – Utilização de esterco sobre o solo para reposição de matéria orgânica e nutrientes, propiciando maior desenvolvimento das culturas.
- ◎ **Calagem** – Aplicação de cálcio diretamente no solo visando à redução de sua acidez e, consequentemente, maior produção das culturas.

3.7.1.2 Práticas vegetativas

Essas práticas utilizam a vegetação para aumentar a cobertura do solo, minimizando os impactos da precipitação e do escoamento superficial. Algumas práticas de caráter vegetativo são (Pruski, 2008):

- ◎ **Florestamento e reflorestamento** – Consiste na manutenção de vegetação densa e permanente em solos de baixa fertilidade e suscetíveis à erosão, visando à recuperação de solos desgastados e à proteção de cursos d'água.
- ◎ **Manutenção da superfície coberta do solo** – Cultivo de plantas secundárias (como leguminosas, gramíneas e plantas nativas) em áreas próprias para que a área coberta do solo aumente. Além disso, essas plantas também ajudam na proteção da matéria orgânica no solo, mantendo-o protegido dos efeitos dos fatores meteorológicos. É preciso, porém,

cuidar da proliferação de pragas e doenças, evitando prejuízos no cultivo principal.

- ◎ **Ceifa das plantas daninhas** – Retirada da parte superior das plantas daninhas, dispondo-as sobre a superfície do solo e mantendo apenas uma pequena parte da vegetação plantada. Dessa forma, preserva-se o sistema radicular e a cobertura do solo. Porém, o controle do crescimento das plantas daninhas deve ser intenso para que a cultura principal não seja prejudicada.
- ◎ **Rotação de culturas** – Visa ao planejamento de uma sequência de plantio de determinadas culturas e à alternância delas na mesma área. Praticar a rotação de culturas traz benefícios como a manutenção da produtividade, o controle da erosão e o aumento do teor de matéria orgânica do solo.

3.7.1.3 Práticas mecânicas

Nas práticas mecânicas o solo é utilizado para a construção de estruturas que retardem o escoamento superficial e o condicionem para locais predeterminados. Em geral, essas práticas são adotadas em locais de chuvas mais intensas, onde as práticas edáficas e/ou vegetativas não são suficientes para amenizar as consequências do escoamento superficial. Então, deve ser adotada uma combinação de práticas edáficas, vegetativas e mecânicas para aumentar a eficiência do sistema de conservação do solo. São algumas práticas mecânicas (Pruski, 2008):

- ◎ **Terraços** – Consistem em estruturas compostas por um dique e um canal dispostas no sentido transversal à declividade do terreno. Essas estruturas contêm fisicamente o escoamento superficial, podendo retê-lo e/ou direcioná-lo para fora dos locais que se deseja preservar. Os terraços podem se apresentar de diversas maneiras, com variações na forma de construção de acordo com o objetivo e as características do terreno, a cultura, o clima, as máquinas, a disponibilidade financeira, entre outros. Além disso, a construção dos terraços exige um planejamento prévio e minucioso, pois a quantidade de variáveis envolvidas pode determinar o sucesso ou o fracasso do projeto.

- **Barraginhas** – As barraginhas são reservatórios de escoamento superficial, construídos em locais degradados por águas advindas do escoamento superficial, os quais são identificados pela formação de sulcos. Vale ressaltar que essa técnica não previne o escoamento, mas o retém, diminuindo suas consequências em locais posteriores à construção da barragem.

3.7.1.4 As ocupações nas bacias hidrográficas e sua influência sobre os escoamentos

Algumas grandezas físicas que auxiliam o manejo do uso e da ocupação das bacias hidrográficas e sua inter-relação com o escoamento podem ser:

- **Área da bacia** – A área de drenagem de uma bacia é determinada com o auxílio de uma planta topográfica, de altimetria adequada, traçando-se uma linha divisória (reveja a Figura 2.5 – linha pontilhada) que passa pelos pontos de maior cota entre duas bacias vizinhas. Para que a determinação da área seja precisa, utiliza-se um planímetro com métodos geométricos de determinação de área de figura irregular ou com recursos intrínsecos aos aparelhos de Sistemas de Informação Geográfica (SIG), quando se trabalha com a planta digitalizada.

- **Forma** – A forma da bacia influencia no escoamento superficial e, consequentemente, no hidrograma resultante de uma determinada chuva. Aprofundaremos esse tópico no capítulo seguinte.

- **Sistema de drenagem** – O sistema de drenagem de uma bacia é formado pelo rio principal e seus afluentes. As características de uma rede de drenagem podem ser descritas pela ordem dos cursos d'água, densidade de drenagem, extensão média do escoamento superficial e sinuosidade do curso d'água.

- **Declividade média da bacia** – A declividade de uma bacia hidrográfica tem relação importante com vários processos hidrológicos, tais como a infiltração, o escoamento superficial, a umidade do solo e a contribuição de água subterrânea ao escoamento do curso da água. Consiste, então, em é um dos fatores mais importantes de controle do tempo de escoamento superficial e da concentração da chuva e se relaciona diretamente com a magnitude da enchente. Quanto maior a declividade, maior a variação das vazões instantâneas. A declividade dos terrenos de uma bacia controla em boa parte a velocidade com que se dá o escoamento superficial (Vilella; Mattos, 1975). Quanto mais íngreme for o terreno, mais rápido será o escoamento superficial, o tempo de concentração será menor e os picos de enchentes maiores.

- **Altitude média** – A variação altitudinal e também a altitude média de uma bacia hidrográfica são importantes fatores relacionados com a temperatura e a precipitação.

Em bacias hidrográficas grandes, a altitude média pode ser mais facilmente determinada pelo método das intersecções. Sobrepondo-se uma transparência reticulada sobre o mapa da bacia, contam-se as intersecções que se encontram dentro da área da bacia.

O uso e a ocupação nas bacias hidrográficas exercem influência marcante no escoamento superficial e no aporte de sedimentos no leito dos mananciais, podendo alterar a qualidade e a disponibilidade da água. Por essa razão, é fundamental realizar um plano de uso e ocupação das bacias. Contudo, quase sempre seu processo de uso e ocupação do solo é desenvolvido de modo espontâneo, raramente fundamentado nas questões ambientais.

A adoção da bacia hidrográfica como unidade de planejamento é aceita universalmente, como já foi dito, pois é um sistema natural, bem delimitado no espaço e de fácil caracterização, em que interações, no mínimo físicas, estão integradas. De forma complementar, as bacias podem ser subdivididas em unidades menores, o que facilita, por razões técnicas e estratégicas, o seu planejamento.

Por sua importância histórica e como é um recurso natural essencial à vida e ainda porque hoje constituem áreas de intensa ocupação humana, as bacias hidrográficas nos meios urbano e rural são um recorte espacial fundamental para o planejamento socioeconômico. Suas normas de uso e ocupação se restringem aos zoneamentos e se delineiam segundo tendências político-administrativas de expansão territorial. Esse fato ocasiona conflitos de ordem ambiental e, em muitos casos, a ocupação ocorre de modo desordenado.

A ação antrópica sobre a superfície de uma bacia hidrográfica provoca transformações no sistema hidrológico. A introdução de superfícies impermeáveis diminui a infiltração e reduz a superfície de retenção, portanto o abastecimento do lençol freático diminui, implicando a desperenização dos cursos d'água. A mesma impermeabilização intensifica o escoamento superficial combinado com o aumento da velocidade produzida pela drenagem artificial, resultando em maiores vazões de pico com tempo de ocorrência mais rápido, o que provoca enchentes em áreas urbanas (Tucci, 2002).

Dessa forma, podemos concluir que os fatores agravantes na formação das enchentes são o avanço da ocupação territorial sobre áreas historicamente sujeitas à inundação, a descaracterização da mata ciliar, o desmatamento desenfreado, o descarte irresponsável dos resíduos domiciliares sobre as encostas e nos cursos d'água, a impermeabilização dos terrenos, as obras locais de caráter imediatista e outras ações que por dezenas de anos foram praticadas pelo homem em nome do desenvolvimento econômico.

O desenvolvimento econômico agrícola do Brasil tem sido, nas últimas décadas, caracterizado pelo uso intensivo dos recursos naturais sem o devido planejamento, o que, aliado às características de solo e clima, promoveu grandes perdas de solo por erosão. Como consequência, tem-se o carreamento de grandes quantidades de solo, matéria orgânica e insumos agrícolas para o leito dos cursos d'água no período chuvoso, contribuindo significativamente com o aumento da concentração de sólidos e nutrientes na água dos mananciais.

Outro tipo de contaminante que pode ser transportado para o leito do manancial são os coliformes, como já observado por Gonçalves et al. (2005). O principal efeito desse impacto é o assoreamento, que, além de modificar ou deteriorar a qualidade da água, a fauna e a flora, diminui a velocidade da água e, também, a disponibilidade hídrica.

Os fatores que influenciam o aporte de sedimentos em bacias hidrográficas são o relevo, os tipos de solos e de climas e o uso e a ocupação dos solos. Dentre eles, a cobertura do solo é decisiva nas perdas de água e solo (Silva, C. R. da et al., 2009) e pode influenciar indiretamente na disponibilidade e na qualidade da água, se considerados os condicionantes anteriormente citados.

Ainda de acordo com Silva, C. R. da et al. (2009), o efeito da cobertura do solo sobre as perdas de água e solo pode ser explicado pela sua ação em dissipar a energia cinética do impacto direto das gotas da chuva sobre a superfície, diminuindo a desagregação inicial das partículas de solo e, consequentemente, a concentração de sedimentos na enxurrada. Além disso, a cobertura do solo representa um obstáculo mecânico ao livre escoamento superficial da água, diminuindo a velocidade e a capacidade de desagregação e o transporte de sedimentos. Donadio, Galbiatti e Paula (2005), avaliando a influência da vegetação natural remanescente e de atividades agrícolas na qualidade da água de quatro nascentes, concluíram que os períodos de amostragem, assim como as características do solo e seus diferentes usos, influenciam no escoamento e na qualidade da água das sub-bacias.

Quando se trata de questões ambientais, o manejo da bacia hidrográfica deve considerar, além das características físicas, como área, forma, altitude média, declividade média, densidade de drenagem, sinuosidade, sistema de drenagem e relevo, os demais aspectos econômicos, sociais, culturais e políticos característicos de cada localidade. No contexto do recorte territorial da bacia hidrográfica, os estudos socioambientais podem também ser mais limitados, ou seja, restringir-se às microbacias – formadas por ribeirões e córregos contribuintes.

A Bacia do Rio Paraná, por exemplo, é uma das principais da América do Sul, e sofre com o grande número de represamentos para geração de energia. Em seus rios há uma sucessão de reservatórios, os quais alteram o curso original e, em conjunto com as ações antrópicas marginais e o despejo de poluentes, degradam toda a bacia hidrográfica, impactando seus meios físico e biótico e a diversidade genética, além de colocar em risco de extinção inúmeras espécies da sua fauna (Agostinho et al., 1999).

Como os ambientes aquáticos dessa bacia drenam as regiões mais populosas da América do Sul, eles têm sido seriamente afetados pela atividade antrópica. Entre os impactos mais comuns, destacam-se as elevadas cargas de biocidas e nutrientes, devido a esgotos domésticos e atividades agrícolas; o desmatamento da vegetação ripária e a construção de barragens, que têm suprimido trechos lóticos e amplas áreas alagáveis do Rio Paraná e de seus principais tributários. Os efeitos oriundos dos represamentos ocorrem em momentos distintos, ou seja, nas fases de implantação e operação das barragens, e em locais distintos ao longo do rio e afluentes, como na jusante do reservatório, no eixo da barragem, no reservatório e na montante. Veja a Figura 2.7 na página 38.

■ Síntese

O ciclo hidrológico pode ser influenciado por vários fatores, dentre eles o escoamento superficial, que é parte integrante das fases do ciclo hidrológico e consiste em uma das formas de ocorrência de água nesse ciclo. Em geral, as estimativas das vazões máximas de escoamento superficial são necessárias tanto em bacias hidrográficas com ocupação agrícola quanto em urbanas.

O primeiro passo para determinar a descarga de água é calcular a fração da precipitação que se transforma em escoamento superficial. Os fatores podem ser de natureza climática, geralmente denominados *agroclimáticos*, pois envolvem a característica do clima e as condições edáficas; ou de natureza fisiográfica, ligados às características físicas da bacia.

As grandezas associadas ao escoamento superficial são: vazão, coeficiente de escoamento superficial, tempo de concentração (tc), período de retorno (T), nível de água (h), área drenada (A) e intensidade máxima média da precipitação (i_m). As estimativas do escoamento superficial podem ser realizadas pelos métodos racional e racional modificado.

A presença de matéria orgânica é um fator importante para as características físicas, químicas e biológicas do solo, constituindo-se um dos principais parâmetros de avaliação da qualidade e da fertilidade do solo. Portanto, é desejável a conservação da matéria orgânica no solo, o que não ocorre com o escoamento superficial.

A perda da camada superficial do solo pode ocasionar, nas próximas décadas, a insuficiente produção de alimentos para a população mundial. O uso e a ocupação nas bacias hidrográficas exercem influência marcante no escoamento superficial e no aporte de sedimentos no leito dos mananciais, podendo alterar a qualidade e a disponibilidade da água – razão pela qual é fundamental realizar um plano de uso e ocupação das bacias. Contudo, quase sempre o processo de uso e ocupação do solo é desenvolvido de modo espontâneo, raramente fundamentado nas questões ambientais.

■ Questões para revisão

1. Quais são as consequências do escoamento superficial e quais práticas podem ser realizadas para minimizar esses efeitos?

2. O que é o hidrograma unitário? Qual é o padrão geralmente utilizado?

3. Sobre escoamento superficial, assinale a alternativa incorreta:
   a] É oriundo da superfície da bacia.
   b] É do tipo escoamento turbulento da chuva excedente.
   c] É do tipo escoamento turbulento da chuva que infiltra.
   d] A vazão cresce rapidamente conforme a intensidade da chuva e as características da bacia.
   e] Nenhuma das alternativas anteriores está correta.

4. O tempo de concentração é definido como:
   a] tempo de deslocamento entre os centros de massa do hidrograma.
   b] tempo de deslocamento da água do ponto mais distante da bacia até a seção principal.
   c] tempo em que parcialmente a bacia contribui com o escoamento.
   d] intervalo entre o início da precipitação e o ponto de inflexão do hidrograma.
   e] Nenhuma das alternativas anteriores está correta.

5. Podem provocar grandes enchentes em pequenas bacias hidrográficas:
   a] As chuvas orográficas.
   b] As chuvas convectivas de grande intensidade e distribuição uniforme.
   c] As chuvas ciclônicas.
   d] As chuvas orográficas e ciclônicas.
   e] Nenhuma das alternativas anteriores está correta.

■ QUESTÕES PARA REFLEXÃO

1. Quais são os principais agravantes na formação das enchentes?

2. Quais são as consequências do uso e das ocupações das bacias sem planejamento?

■ Para saber mais

A Lei n. 9.433, de 8 de janeiro de 1997 – Lei das Águas –, afirma (Brasil, 1997):

A água é um bem de domínio público; é um recurso natural limitado e dotado de valor econômico. Em situações de escassez, o uso prioritário dos recursos hídricos é o consumo humano e a dessedentação de animais. A gestão dos recursos hídricos deve sempre proporcionar o uso múltiplo das águas. A bacia hidrográfica é a unidade territorial para implementação da Política Nacional de Recursos Hídricos.

Para a Constituição Federal (Brasil, 1988) – Art. 20 –, são bens da União: os lagos, rios e quaisquer correntes de água em terrenos de seu domínio, ou que banhem mais de um Estado, sirvam de limites com outros países, ou se estendam a território estrangeiro ou dele provenham.

Os municípios não podem legislar sobre a água, mas podem legislar sobre o uso e a ocupação do solo, atividades na bacia hidrográfica.

Para entender melhor o assunto, acesse o seguinte vídeo:
Documentário – Legislação sobre meio ambiente – Parte 1. Disponível em: <https://www.youtube.com/watch?v=AbJMsbCbNQs>. Acesso em: 8 abr. 2014.

■ Estudo de caso

Os represamentos alteram profundamente a dinâmica da água, a quantidade e qualidade de hábitats, os processos de produção primária e, consequentemente, a estrutura das comunidades naturais dos sistemas fluviais em que se inserem. Com base no exposto, vimos que as modificações relevantes são promovidas na composição da ictiofauna, com profundas alterações na demografia das populações, incluindo a redução drástica ou mesmo desaparecimento local de espécies reofílicas e a profusão daquelas oportunistas. Em geral, é esperado que a riqueza regional de espécies diminua e os padrões de elevada dominância se acentuem.

O entendimento e a capacidade de predição das assembleias de peixes a colonizar os reservatórios mostram-se, ainda, extremamente precários. Além de a colonização ser influenciada por interação de muitos fatores, estes com ampla variação espaço-temporal, fato que torna as generalizações difíceis e imprecisas, o número de estudos que tentam avaliar os impactos derivados dos represamentos é ainda reduzido. Além disso, após o barramento dos rios, a tendência de estabilização das condições ambientais nos reservatórios é comumente revertida pelas ações antropogênicas na área de influência, incluindo aquelas decorrentes da própria operação da barragem, implicando alterações adicionais e constantes na ictiofauna.

Apesar dessas dificuldades, pode-se generalizar que, mesmo com o enorme volume de água e a extensa área alagada resultante da construção de grandes reservatórios, a ictiofauna tende a habitar a zona litorânea, o que cria abismos demográficos nas regiões pelágica e profunda. As assembleias de peixes que colonizam esses ambientes estão, essencialmente, presentes na região antes do represamento. Vale destacar que só permanecerão no novo ambiente as espécies com pré-adaptações para sobreviver em ambientes com menor fluxo de água (lênticos) e que consigam completar todas as etapas do ciclo de vida no reservatório e áreas livres remanescentes na região contígua. Essas são, geralmente, espécies sedentárias com pouca especificidade alimentar. Embora as alterações na ictiofauna se mostrem extremamente deletérias na região lacustre de reservatórios, os impactos atingem toda a área de entorno do empreendimento, especialmente os trechos a jusante.

O entendimento dos padrões de zonação da ictiofauna é fundamental, visto que as espécies migradoras, típicas da fauna de rios, são as mais afetadas pelo represamento, e sua presença nos trechos superiores dos reservatórios depende dos ambientes remanescentes localizados a montante. A construção de reservatórios em cascata cria condições especiais em que os impactos ambientais são amplificados, complicando demasiadamente qualquer medida de conservação.

Fonte: Agostinho; Gomes; Pelicice, 2007, p. 107-151.

Capítulo

4

Caracterização dos recursos hídricos superficiais e previsão de eventos extremos

Conteúdos do capítulo

- Caracterização dos recursos hídricos superficiais de uma bacia.
- Características fisiográficas: propriedades físicas, geográficas e sociais.
- Tipos de rios e suas vazões mínimas, médias e máximas.
- Uso e ocupação do solo de uma bacia hidrográfica.
- Dados básicos para planejamento de bacias hidrográficas.
- Métodos estatísticos para previsão de eventos extremos: enchentes.
- Estatística aplicada à hidrologia.

Após o estudo deste capítulo, você será capaz de:

1. entender alguns aspectos sobre as características físicas, geográficas e sociais dos recursos hidrográficos superficiais;
2. reconhecer os tipos de rios e suas vazões;
3. identificar as causas e os efeitos do uso e da ocupação do solo de uma bacia hidrográfica;
4. compreender os métodos estatísticos para eventos extremos como enchentes e os dados básicos para planejamento de bacias hidrográficas;
5. entender como a estatística pode ser aplicada à hidrologia.

4.1 Caracterização dos recursos hídricos superficiais de uma bacia

Para caracterizar as *águas superficiais*, é válido apresentar seu conceito. Desse modo, águas superficiais são aquelas que não penetram no subsolo e correm ao longo da superfície do terreno, chegando, assim, aos lagos, rios ou ribeiros. Trata-se da água armazenada numa parede rochosa, represa ou barragem ou a água recolhida de uma pequena zona de drenagem – como um telhado – e armazenada numa cisterna para uso doméstico.

Em termos de abastecimento, a água superficial é captada em rios, canais, ribeiros, lagos, bacias de retenção e albufeiras. As águas superficiais têm uma composição muito variável, de acordo com as características do local e a época do ano. Em geral, apresentam elevada turvação no outono e no inverno, algas na primavera e no verão e partículas em suspensão, substâncias químicas e micro-organismos que, sem tratamento, tornam as águas impróprias para o consumo humano.

As principais características de uma água de superfície são:
- temperaturas relativamente altas;
- elevada concentração de matéria orgânica dissolvida, proveniente da decomposição de vegetação e de resíduos de origem antropogênica;
- elevada turvação, principalmente em virtude dos sólidos suspensos (matéria orgânica finamente dividida, micro-organismos, plâncton, areias, argilas etc.);
- desenvolvimento por vezes excessivo de algas, bactérias, cistos e vírus patogênicos de grande variedade;
- sabores e cheiros resultantes de todos esses fenômenos.

Desse modo, esse tipo de água não deve ser consumido sem um tratamento prévio de acordo com suas características e que garanta a qualidade, a fim de não comprometer a saúde humana. Veremos essa questão mais adiante.

4.2 Individualização da bacia hidrográfica

Para caracterizar os recursos hídricos superficiais de uma bacia, é preciso, primeiro, individualizá-la. Esse processo é realizado sobre uma planta da região, com altimetria adequada, procurando, então, traçar a linha de divisores de água que separa a bacia considerada das contíguas. Os divisores topográficos ou divisores de água são as cristas das elevações do terreno que separam a drenagem da precipitação entre duas bacias adjacentes, tal como ilustra a Figura 4.1.

Figura 4.1 – Individualização de uma bacia hidrográfica

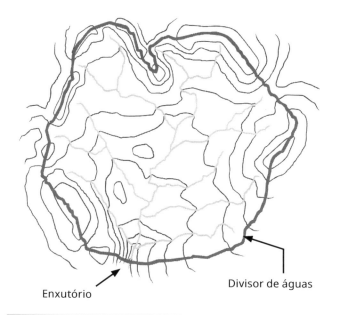

Enxutório
Divisor de águas

Fonte: Adaptado de Naghettini, 1999, p. 552.

Excepcionalmente, a bacia poderá conter sub-bacias secundárias fechadas, nas quais as águas superficiais deságuam em sumidouros ou lagos que não estão ligados à rede hidrográfica do curso d'água principal (se bem que os lençóis freáticos correspondentes às vezes estão em comunicação). De modo contrário, a bacia topográfica delimitada na carta topográfica pode ser menos extensa que a bacia hidrogeológica, se o curso de água for alimentado por escoamento subterrâneo proveniente de bacias vizinhas, o que pode ocorrer, por exemplo, em regiões muito planas, de depósitos sedimentários permeáveis e de grande espessura.

Assim, além da delimitação topográfica, deve-se observar a delimitação da bacia sob o ponto de vista geológico e em formações características, calcárias ou de geologia especial. Raramente as duas delimitações coincidem, conforme ilustra a Figura 4.2.

Figura 4.2 – Linhas divisórias freáticas e topográficas

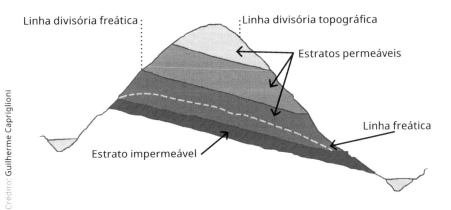

Fonte: Adaptado de UFBA, 2014.

4.3 Características fisiográficas

Os fatores fisiográficos – como uso do solo, tipos de solos, área e forma das bacias hidrográficas, sua declividade e elevação, declividade do curso d'água, tipos e redes de drenagens e densidade de drenagem – são importantes para caracterizar uma bacia hidrográfica, além de serem essenciais para seu planejamento e manejo (Prado; Novo; Ferreira, 2010).

Essas características são obtidas por meio dos dados que podem ser extraídos de mapas, fotografias aéreas e imagens de satélites. Compreendem forma, área, relevo, declividade e elevação da bacia, declividade do curso d'água, padrões de drenagens ou tipos de drenagem, densidade e sistemas de drenagem, cobertura vegetal, características geológicas da bacia, uso e ocupação do solo e tipos de solo. Além disso, esses fatores podem ser expressos diretamente ou por índices que relacionam os dados obtidos. Vejamos a seguir as principais características fisiográficas.

4.3.1 Forma da bacia

Em geral, a forma da bacia hidrográfica não é usada diretamente na hidrologia. No entanto, parâmetros que refletem essa forma são utilizados ocasionalmente e têm base conceitual. As bacias hidrográficas apresentam uma variedade infinita de formas, que supostamente refletem seu comportamento hidrológico. Elas podem ser: circular, elíptica e radial.

Em uma bacia circular, toda água escoada tende a alcançar a saída (exutório) da bacia ao mesmo tempo, conforme ilustra a Figura 4.3.

Figura 4.3 – Bacia arredondada e suas características de escoamento originado por uma precipitação uniforme

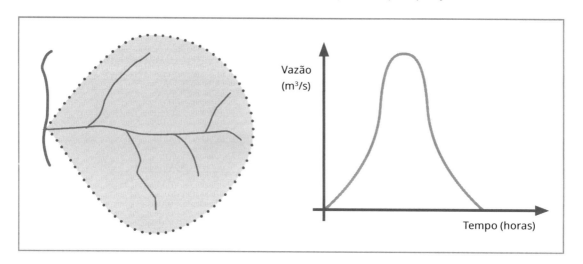

Fonte: UFBA, 2014.

Já uma bacia elíptica tem saída na ponta do maior eixo e a área igual à da bacia circular. Aqui, o escoamento será mais distribuído no tempo, produzindo, portanto, uma enchente menor, conforme observamos na Figura 4.4.

Figura 4.4 – Bacia elíptica e suas características de escoamento originado por uma precipitação uniforme

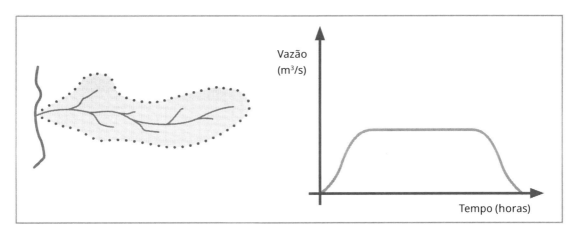

Fonte: UFBA, 2014.

A bacia radial ou ramificada, por sua vez, é formada por conjuntos de sub-bacias alongadas que convergem para um mesmo curso d'água principal. Nesse caso, uma chuva uniforme em toda a bacia origina cheia nas sub-bacias, que vão se somar, mas não simultaneamente, no curso principal. Portanto, a cheia crescerá, estacionará ou diminuirá à medida que contribuem as diferentes sub-bacias, como podemos observar na Figura 4.5.

Figura 4.5 – Bacia ramificada e suas características de escoamento originado por uma precipitação uniforme

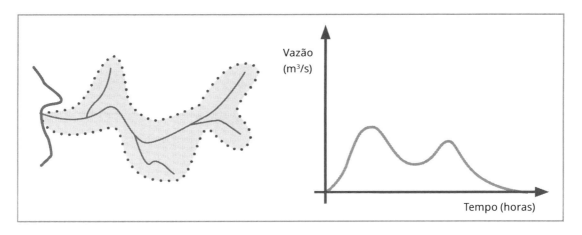

Fonte: UFBA, 2014.

As grandes bacias hidrográficas, em geral, apresentam forma de leque ou de pera, ao passo que as pequenas bacias têm as mais variadas formas, em função da estrutura geológica dos terrenos.

A forma da bacia influencia no escoamento superficial e, desse modo, no hidrograma resultante de determinada chuva.

Entre os índices propostos para caracterizar a forma da bacia, serão calculados o fator de forma e os índices de compacidade e de conformação, a saber:

a] **Fator de forma (Kf)** – É a relação entre a largura média e o comprimento axial da bacia. Mede-se o comprimento da bacia (L) quando se segue o curso d'água mais longo desde a desembocadura até a cabeceira mais distante da bacia. A largura média (Lm) é obtida quando se divide a área pelo comprimento da bacia.

$$Kf = \frac{Lm}{L}$$

Mas:

$$Lm = \frac{A}{L}$$

Logo:

$$Kf = \frac{A}{L^2}$$

L = comprimento da bacia, em km;
Lm = largura média da bacia, em km.

O fator de forma é um índice indicativo da tendência para enchentes de uma bacia. Uma bacia com fator de forma baixo é menos sujeita a enchentes do que outra de mesmo tamanho, porém com fator de forma maior. Isso ocorre porque, numa bacia estreita, longa e com fator de forma baixo, há menos possibilidade de chuvas intensas cobrindo simultaneamente toda a sua extensão e, também, porque a contribuição dos tributários atinge o curso d'água principal em vários pontos.

b] **Coeficiente de compacidade ou índice de Gravelius (Kc)** – É a relação entre o perímetro da bacia e o perímetro de um círculo de área igual ao da bacia.

$$A = \pi \cdot R^2$$

Em que:

$$R = \sqrt{\frac{A}{\pi}}$$

Substituindo, teremos:

$$Kc = \frac{0,28\,P}{\sqrt{A}}$$

P = perímetro da bacia, em km;
A = área da bacia, em km².

Esse coeficiente é um número adimensional que varia com a forma da bacia, independentemente do tamanho desta: quanto mais irregular for a bacia, tanto maior será o coeficiente de compacidade. Um coeficiente mínimo igual à unidade corresponderia a uma bacia circular. Se os outros fatores forem iguais, a tendência para enchentes maiores é tanto mais acentuada quanto mais próximo da unidade for o valor desse coeficiente.

c] **Índice de conformação (Fc)** – Representa a relação entre a área da bacia e um quadrado de lado igual ao comprimento axial desta. Esse índice pode ser matematicamente expresso por:

$$Fc = \frac{A}{L^2}$$

Em que:

A = área da bacia;

L = comprimento axial.

Esse índice também expressa a capacidade da bacia em gerar enchentes. Quanto mais próximo de um, maior a propensão a enchentes, pois a bacia fica cada vez mais próxima de um quadrado e com maior concentração do fluxo. No entanto, pode assumir valores acima e abaixo de 1. Se a bacia tiver a forma de um retângulo, por exemplo, e o comprimento axial for correspondente ao menor lado desse retângulo, o índice poderá ser menor que 1. Se essa mesma bacia apresentar comprimento axial no sentido do maior lado, o índice poderá ser acima de 1.

Assim, podemos observar que, quanto maior o número de larguras e quanto mais próximo o polígono que envolve a bacia estiver do formato dela, mais parecidos serão o fator de forma e o índice de conformação.

4.3.2 Área da bacia (km²)

É a área plana definida pela projeção horizontal do divisor de águas, pois seu valor multiplicado pela lâmina da chuva precipitada define o volume de água recebido pela bacia. Para determinar a área de drenagem de uma bacia, é usada uma planta topográfica (e, algumas vezes, um mapa geológico) de altimetria adequada e é traçada a linha divisória pelos pontos de maior cota entre duas bacias vizinhas.

Para uma boa precisão, utiliza-se um planímetro, com métodos geométricos de determinação de área de figura irregular ou com recurso intrínseco aos aplicativos de Sistemas de Informação Geográfica (SIG), quando se trabalha com a planta digitalizada.

O tamanho da bacia (a área) não é critério suficiente para classificá-la, haja vista que duas bacias de mesma área podem apresentar comportamentos hidrológicos totalmente distintos. A área afeta a grandeza das enchentes, das vazões mínimas, médias e máximas. Em uma bacia pequena, por exemplo, a quantidade de água acumulada no leito do curso d'água deve-se à precipitação superior à quantidade de água acumulada no solo e na vegetação. Ou seja, o tamanho da bacia só tem influência significativa sobre o hidrograma se considerarmos seus efeitos sobre as vazões. Vejamos a seguir alguns desses efeitos.

4.3.2.1 Efeito sobre as vazões máximas

Suponha duas bacias que diferem apenas pela área. Se quantidades iguais de chuva precipitam sobre elas em intervalos de tempo iguais, o volume do escoamento superficial por unidade de área será o mesmo em ambas. Entretanto, o volume de escoamento estará mais espalhado na bacia de maior área. Assim, o tempo necessário para que todo esse volume passe pela seção de saída da bacia será maior que o tempo gasto na bacia de área menor. Porém, o pico de enchente será menos acentuado na maior bacia (em relação à vazão normal), ou seja, para um dado volume de um hidrograma de cheia de base mais larga.

4.3.2.2 Efeito sobre as vazões mínimas

Uma vez cessado o escoamento superficial, a vazão de um curso d'água é alimentada pela água subterrânea. Assim, se esse armazenamento é consumido, a vazão do curso d'água diminui até que se torne seco, isto é, recarregado no solo pela precipitação.

As precipitações durante as secas atingem algumas partes das grandes bacias, enquanto muitas vezes não caem sobre algumas pequenas sub-bacias. Por esse motivo, a vazão dos cursos d'água principais das bacias maiores tem mais chance de prover uma vazão firme.

4.3.2.3 Efeito sobre a vazão média

A área da bacia não afeta diretamente a vazão média. Assim, as vazões médias específicas (vazões por unidade de área) em vários pontos de uma bacia são praticamente constantes.

4.3.3 Relevo

Diversos parâmetros foram desenvolvidos para refletir as variações do relevo de uma bacia. Um dos mais comuns é a declividade equivalente (De), que se refere à declividade constante cujo tempo de translação, para um mesmo comprimento de curso d'água em planta, seria igual ao do perfil acidentado natural.

A partir da fórmula de Chézy, que aponta o tempo como uma função do inverso da raiz quadrada da declividade, chega-se à declividade equivalente (De) constante, demonstrada na seguinte equação:

$$De = \left[\frac{L}{\sum l_j \bar{I}_j^{-\frac{1}{2}}} \right]^2$$

Em que:

De = declividade equivalente;

L = comprimento total em planta do curso d'água;

l_j, I_j = comprimento e declividade de cada subtrecho considerado no cálculo.

4.3.4 Curva hipsométrica

É a representação gráfica do relevo médio de uma bacia. A curva representa o estudo da variação da elevação dos vários terrenos da bacia com referência ao nível do mar. Essa variação pode ser indicada por meio de um gráfico que mostra a porcentagem da área de drenagem que existe acima ou abaixo das várias elevações. A curva hipsométrica pode ser determinada planimetrando as áreas entre as curvas de nível. A Tabela 4.1 e o Gráfico 4.1 representam os passos utilizados para o cálculo de uma curva hipsométrica.

Tabela 4.1 – Cálculo da curva hipsométrica

Passo a passo					
1º	2º	3º	4º	5º	6º
Cota (mm)	Ponto médio (m)	Área (km²)	Área acumulada (km²)	%	Acumulada
940-920	930	1,92	1,92	1,08	1,08
920-900	910	2,90	4,82	1,64	2,72
900-880	890	3,68	8,50	2,08	4,80
880-860	870	4,07	12,57	2,29	7,09
860-840	850	4,60	17,17	2,59	9,68
840-820	830	2,92	20,09	1,65	11,33
820-800	810	19,85	39,94	11,20	22,53
800-780	790	23,75	63,69	13,40	35,96
780-760	770	30,27	93,96	17,08	53,01
760-740	750	32,09	126,05	18,10	71,11
740-720	730	27,86	153,91	15,72	86,83
720-700	710	15,45	169,36	8,72	95,55
700-680	690	7,89	177,25	4,45	100
Total			177,25		

Fonte: Adaptado de Carvalho; Silva, 2006, p. 23.

Gráfico 4.1 – Curva hipsométrica

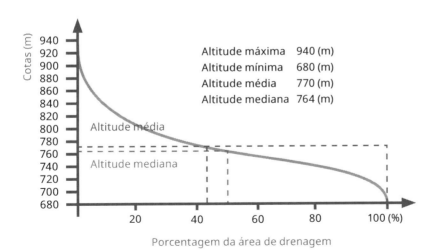

Fonte: UFBA, 2014.

4.3.5 Declividade da bacia

A declividade da bacia ou dos terrenos da bacia tem uma relação importante e também complexa com a infiltração, o escoamento superficial, a umidade do solo e a contribuição da água subterrânea no escoamento do curso d'água. É um dos fatores mais essenciais que controla o tempo do escoamento superficial e da concentração da cheia e está relacionado diretamente á magnitude da enchente. Quanto maior a declividade, maior a variação das vazões instantâneas.

Uma maneira de medir a declividade média dos terrenos da bacia consiste em aplicar uma malha quadrada (ou eventualmente uma malha triangular irregular – TIN) sobre a planta planialtimétrica da bacia. Assim, são definidas as declividades dos pontos de intersecção da malha desenhando um segmento de reta (linha de maior declive que passa pelo ponto) perpendicular às duas curvas de nível anterior e posterior à cota do ponto e que passe pelo ponto: a declividade do ponto será a diferença de cotas das curvas de nível dividida pelo comprimento desse segmento de reta. A média das declividades desses pontos será considerada a média das declividades dos terrenos da bacia.

Outra forma consiste em definir a malha quadrada, as cotas médias de cada quadrícula. A declividade de cada quadrícula será estabelecida pela maior diferença de cotas entre duas quadrículas vizinhas, divididas pela dimensão linear da quadrícula. Esse procedimento é bastante trabalhoso quando feito manualmente, entretanto, torna-se muito simples se forem utilizados recursos de Sistemas de Informação Geográfica (SIG). O primeiro método é mais aplicável quando se utiliza a forma vetorizada de representações da bacia; o segundo é mais apropriado quando a bacia é representada pela forma "raster" (quadrículas).

4.3.6 Elevação da bacia

A variação da elevação e também a elevação média de uma bacia são fatores importantes com relação à temperatura e à precipitação. Da mesma forma que no cálculo das declividades dos terrenos da bacia, aqui são utilizadas as cotas dos pontos de intersecção de uma malha aplicada sobre a planta planialtimétrica da bacia ou as cotas das quadrículas. Ambos os processos são muito simples quando são utilizadas as ferramentas SIG.

4.3.7 Declividade do curso

A velocidade de escoamento da água de um rio depende da declividade dos canais fluviais. Quanto maior a declividade, maior será a velocidade de escoamento – e, assim, tanto os mais pronunciados e estreitos serão os hidrogramas de enchentes, indicando maiores variações de vazões instantâneas.

Um primeiro valor aproximado da declividade de um curso d'água entre dois pontos pode ser obtido pelo quociente entre a diferença de suas cotas extremas e sua extensão horizontal (Gráfico 4.2).

Gráfico 4.2 – Cálculo aproximado da declividade

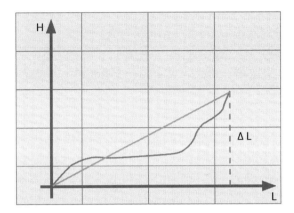

Fonte: Christofoletti, 1980, p. 102.

A equação que mais bem define essa relação é dada por:

$$S_1 = \frac{\Delta H}{L}$$

Em que:
  ΔH = variação da cota em dois pontos extremos;
  L = comprimento em planta do rio.

4.3.8 Padrões ou tipos de drenagem

A velocidade de escoamento em canal é usualmente maior que a velocidade de escoamento superficial. Portanto, o tempo de deslocamento do escoamento em uma bacia na qual o comprimento de escoamento superficial é pequeno em relação ao comprimento do canal seria menor do que em uma bacia com trechos longos de escoamento superficial. O tempo de deslocamento do escoamento em uma bacia é um dado de extrema importância para diversos estudos hidrogeológicos. O padrão de drenagem é um indicador das características do escoamento de uma precipitação. Vejamos alguns parâmetros desenvolvidos para representar os padrões de drenagem:

a] **Ordem dos cursos d'água (Lei de Horton)** – É uma medida de ramificação dentro de uma bacia, conforme ilustrado na Figura 4.6.

Figura 4.6 – Ordem dos cursos d'água

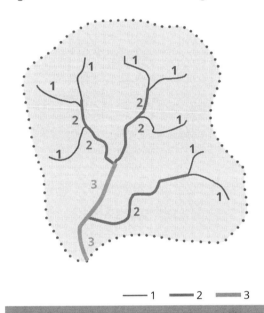

Fonte: Christofoletti, 1980, p. 102.

Essa ordem acompanha o seguinte cenário:

- um curso d'água de primeira ordem é um tributário sem ramificações;
- um curso d'água de segunda ordem é um tributário formado por dois ou mais cursos d'água de primeira ordem;
- um curso d'água de terceira ordem é formado por dois ou mais cursos de segunda ordem;
- genericamente, um curso d'água de ordem n é um tributário formado por

dois ou mais cursos d'água de ordem (n^{-1}) e outros de ordens inferiores.

Para uma bacia hidrográfica, a ordem principal é definida como a ordem principal do respectivo canal. A Figura 4.7 mostra a ordenação dos cursos d'água em uma bacia hipotética. Nesse caso, a ordem principal da bacia é a quarta.

Figura 4.7 – Exemplo da contagem do número de cursos d'água

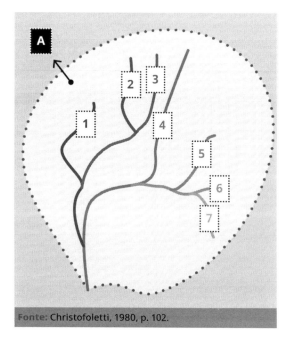

Fonte: Christofoletti, 1980, p. 102.

b] **Densidade dos cursos d'água** – É a relação entre o número de cursos d'água e a área total da bacia (Figura 4.8). São incluídos apenas os rios perenes e os intermitentes – classificações que veremos a seguir. A equação para a densidade é a seguinte:

$$D_s = \frac{N_s}{A}$$

Em que:
N_s = número de cursos d'água;
A = área da bacia.

O rio principal é contado apenas uma vez, desde sua nascente até a foz, e cada um dos tributários de ordem superior estende-se da sua nascente até a junção com o rio de ordem superior. A densidade de cursos d'água não indica a eficiência da drenagem, pois a extensão desses cursos não é levada em conta.

4.3.9 Densidade de drenagem (Dd)

A densidade de drenagem (Dd) é a razão entre o comprimento total dos cursos d'água em uma bacia hidrográfica e a área dessa bacia. Um valor alto para a *Dd* indicaria uma densidade de drenagem relativamente alta e uma resposta rápida da bacia a uma precipitação. A equação para a densidade de drenagem é expressa da seguinte forma:

$$Dd = \frac{L_T}{A}$$

Em que:
L_T = extensão total dos cursos d'água;
A = área da bacia hidrográfica.

Exemplo: Considere uma bacia hidrográfica de 250 km² e com extensão total dos cursos d'água de 78 km. A densidade de drenagem é, portanto:

$$Dd = \frac{78}{250} = 0{,}31 \text{ km/km}^2$$

Segundo Vilella e Mattos (1975), índices em torno de 0,5 km/km² indicariam uma drenagem pobre e índices maiores que 3,5 km/km² indicariam bacias excepcionalmente bem drenadas.

4.3.10 Sistema ou rede de drenagem

A rede de drenagem é constituída por um curso d'água principal e seus tributários e está associada à eficiência de drenagem da área da bacia e à potencialidade para formar picos elevados de vazão dos rios, os quais podem ser classificados em:

- **Perenes** – São rios nos quais se verifica, durante todo o tempo, mesmo nas secas mais severas, escoamento de água. Isso é garantido pela drenagem do aquífero, cujo nível deve se situar acima do fundo do leito a fim de garantir energia ao escoamento.
- **Intermitentes** – São rios cujo escoamento não ocorre no período das secas mais severas.
- **Efêmeros** – São rios nos quais se verifica escoamento apenas durante e imediatamente após uma chuva.

4.3.11 Cobertura vegetal da bacia

A cobertura vegetal, em particular as florestas e as culturas da bacia hidrográfica, e a natureza geológica dos terrenos condicionam maior ou menor rapidez do escoamento superficial.

Além disso, influenciam a taxa de evaporação da bacia, com uma ação regularizadora de caudais, sobretudo nos climas secos. No entanto, no caso de grandes cheias com elevados caudais, sua ação é praticamente nula. Além de seu efeito na velocidade dos escoamentos e na taxa de evaporação, a cobertura vegetal desempenha papel importante e eficaz na luta contra a erosão dos solos.

4.3.12 Características geológicas de uma bacia hidrográfica

O objetivo do estudo geológico dos solos e subsolos é classificá-los segundo a maior ou a menor permeabilidade, dada a influência que essa característica exerce na rapidez de crescimento das cheias. Terrenos quase ou totalmente impermeáveis impedem a infiltração e facilitam o escoamento superficial, originando, assim, cheias de crescimento repentino. Já os permeáveis retardam o escoamento devido à infiltração, amortecendo as cheias. O Gráfico 4.3 ilustra as duas características citadas.

Gráfico 4.3 – Características de vazão de um rio de acordo com a permeabilidade do solo

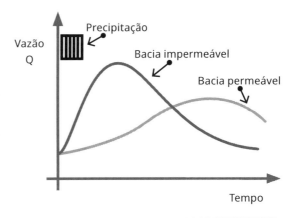

Fonte: UFBA, 2014.

Temos, então:

- **Bacia impermeável** – Ao receber certa precipitação, dá origem a um escoamento superficial com elevada ponta.
- **Bacia permeável** – Dá origem a um escoamento superficial de forma achatada e cuja ponta máxima é bastante retardada em relação ao início da precipitação.

4.3.13 Uso e ocupação do solo de uma bacia hidrográfica

Um dos fatores fisiográficos mais importantes que afetam a bacia hidrográfica é o uso do solo ou controle da terra.

Suponha uma área formada por floresta com solo coberto por folhas e galhos, que, durante as maiores precipitações, impedem que o escoamento superficial atinja o curso d'água num curto intervalo de tempo, evitando, assim, uma enchente. Se essa área for desflorestada e seu solo compactado ou impermeabilizado, a chuva que antes se infiltrava no solo pode provocar enchentes nunca vistas. Entretanto, esse fator não tem influência sensível nas maiores enchentes catastróficas. As florestas têm ação regularizadora nas vazões dos cursos d'água, mas não aumentam o valor médio das vazões. Em climas secos, a vegetação pode até mesmo diminuí-lo, em virtude do aumento da evaporação.

Uma bacia hidrográfica representa o entrelaçamento entre atividades biofísicas e socioeconômicas que contemplam atividades agrícolas, industriais, comunidades, serviços e facilidades recreacionais, formação vegetal, nascentes, córregos e riachos, lagoas e represas, enfim, todos os hábitats e unidades da paisagem (Rocha et al., 1989).

A bacia é, ainda, limitada pela linha topográfica que une seus pontos de maior altitude, os quais definem os divisores de água entre uma bacia e a sua adjacente.

Com a industrialização, o desenvolvimento econômico da bacia hidrográfica afeta a ocupação das terras dos municípios ao longo dos rios. Nesse sentido, a exploração das áreas de várzeas caracteriza-se pela captação de água para abastecimento urbano e industrial, pelas atividades agropecuárias, pelo lazer e pela extração mineral.

Nesse cenário, a intensificação do uso da terra tem gerado inundações, poluição das águas e modificação da geometria dos rios, que, seguramente, promoverá mudanças no uso do solo da bacia. A ocupação da bacia pela população gera duas preocupações distintas (Lima, 1979):

a] o impacto do meio sobre a população por meio das enchentes;

b] o impacto do homem sobre a bacia, mencionado na preservação do meio ambiente.

A ação do homem no planejamento e no desenvolvimento da ocupação do espaço na bacia requer cada vez mais uma visão ampla sobre as necessidades da população, os recursos terrestres e aquáticos disponíveis e o comportamento dos processos naturais da bacia, a fim de conciliar racionalmente as necessidades crescentes com os recursos limitados (Vestena et. al., 2012).

Por meio do cálculo do valor de Cn e do método do SCS, é possível analisar a infiltração da água no solo.

4.3.14 Tipos de solo

Em qualquer bacia, o escoamento superficial é largamente influenciado pelo tipo predominante de solo, devido à capacidade de infiltração de cada um. A infiltração, por sua vez, é resultado do tamanho, da agregação, da forma e do arranjo das partículas do solo, ou seja, solos que contêm material coloidal se contraem e se incham com as mudanças de infiltração.

A porosidade afeta tanto a infiltração quanto a capacidade de armazenamento e varia bastante de acordo com cada tipo de solo. Algumas rochas têm 1% de porosidade, enquanto os solos orgânicos chegam de 80% a 90%. A porosidade não depende do tamanho das partículs do solo, mas do arranjo, da variedade, da forma e do grau de compactação.

Outras propriedades dos diferentes tipos de solo, como o coeficiente de permeabilidade, de armazenamento e de transmissibilidade, serão estudadas no Capítulo 5, no qual abordaremos os aquíferos e as águas subterrâneas, e, ainda, veremos a importância do tipo de solo na capacidade de produção de um poço.

Em certos terrenos, entretanto, o estudo tem de ser aprofundado por um geólogo ou hidrólogo, a fim de investigar a localização de lençóis aquíferos, o escoamento subterrâneo e a origem das fontes.

4.4 Dados básicos para planejamento de bacias hidrográficas

Para o máximo aproveitamento dos recursos hídricos de uma bacia, é recomendável que o estudo abranja a bacia hidrográfica como um todo, evitando eventuais conflitos decorrentes dos diversos usos da água pelo homem. É fundamental também que as decisões finais sobre as providências, diretrizes e obras estejam fundamentadas em fatos e números concretos de disponibilidade, quantidade, qualidade, usos e controle e de conservação dos recursos hídricos, que constituem os dados básicos para o planejamento integrado de uma bacia hidrográfica.

Conhecer os recursos hídricos disponíveis e definir a localização e a cronologia da implantação de obras para otimizar o uso desses recursos são os objetivos do planejamento integrado de bacias hidrográficas. O processo de planejamento integrado é eminentemente iterativo, contendo informações preliminares que permitem identificar e avaliar as possibilidades de desenvolvimento de recursos, que, por sua vez, geram a necessidade de estudos e investigações adicionais detalhadas.

Os dados básicos para o planejamento integrado de bacias hidrográficas podem ser relacionados da seguinte maneira:

- ◉ Dados sobre a quantidade de água – Dados fluviométricos e limnimétricos, ocorrência e níveis de águas subterrâneas, conformação topográfica, cobertura vegetal da bacia, infiltração de água no solo, clima, temperatura, umidade, evaporação, quantidade e distribuição de chuva, uso da água na configuração atual.

- ◉ Dados sobre a qualidade da água – Avaliação qualitativa e quantitativa do estágio de poluição e contaminação dos cursos d'água na bacia (poluição física, química, bacteriológica e radioativa).

- **Dados cartográficos da bacia** – Mapas, cartas, levantamentos existentes, fotografias aéreas, e assim por diante.
- **Dados morfológicos e geológicos da região** – Litologias, unidades estratigráficas e estruturas tectônicas, além de feições morfoestruturais, tais como segmentos de rios e escarpas claramente relacionadas a processos deformacionais.
- **Dados socioeconômicos da região onde se localiza a bacia em estudo** – Organização territorial, modos de vida, base econômica e populações indígenas, ribeirinhas e tradicionais.

Nos países em desenvolvimento, são bastante questionáveis a qualidade, a suficiência e a adequabilidade desses dados, principalmente em relação aos hidrológicos. Esse cenário obriga o planejador a propor, como medida preliminar, a instalação de uma rede de pluviômetros e fluviômetros, a fim de estudar a ocorrência de chuvas intensas e a quantidade de água na bacia.

Para solucionar algum problema urgente de planejamento na indisponibilidade imediata de dados hidrológicos, os dados básicos para planejamento poderão ser gerados por meio de métodos simplificados e da correlação com dados de outras bacias vizinhas com características ou comportamento hidrológico semelhantes.

4.5 Métodos para previsão de eventos extremos: enchentes

As enchentes são aumentos anormais do escoamento superficial, decorrentes do excesso de chuva, que podem resultar em inundação ou não.

A inundação é o extravasamento de água do canal natural de um rio, que possivelmente provocará prejuízos. O objetivo do cálculo de enchente é fornecer a máxima vazão de projeto e, se possível, o hidrograma de projeto, que mostra a variação das vazões no tempo. A vazão de projeto pode ser obtida pela extrapolação dos dados históricos para condições mais críticas com a aplicação de estatística aos dados de vazões máximas observadas. Desse modo, a vazão de projeto está sempre associada ao período de retorno.

4.5.1 Conceito de período de retorno e risco permissível

O *período de retorno* ou *tempo de recorrência (T)* é o tempo médio em anos em que um evento é igualado ou superado pelo menos uma vez.

Existe a seguinte relação entre o período de retorno e a probabilidade de ocorrência (P):

$$T = \frac{1}{P}$$

Por exemplo: se uma cheia é igualada ou excedida em média a cada 20 anos, terá um período de retorno $T = 20$ anos. Em outras palavras, diz-se que a cheia tem 5% de probabilidade de ser igualada ou excedida em qualquer ano.

4.5.2 Fixação do período de retorno

A fixação do período de retorno em obras hidráulicas depende dos seguintes fatores:

- vida útil da obra;
- tipo de estrutura;
- facilidade de reparação e ampliação;
- perigo de perda de vida.

  Por exemplo:
- barragem de terra $\rightarrow T = 1.000$ anos;
- barragem de concreto $\rightarrow T = 500$ anos;
- galeria de águas pluviais $\rightarrow T = 5$ a 20 anos;
- pequena barragem de concreto para fins de abastecimento de água $\rightarrow T = 5$ a 100 anos.

4.5.3 Cálculo de risco

Outro critério para a escolha de T é a fixação, *a priori*, do risco que se deseja correr caso a obra falhe em seu tempo de vida.

O risco de a obra falhar uma ou mais vezes ao longo da sua vida útil pode ser deduzido dos conceitos fundamentais da teoria da probabilidade e é igual a:

$$R = 1 - \left(1 - \frac{1}{T}\right)^n$$

Em que:

T = período de retorno, em anos;

n = vida útil da obra, em anos;

R = risco permissível.

Exemplo: O risco de que a canalização do Rio Tamanduateí falhe uma ou mais vezes, considerando que o projeto foi efetuado para $T = 500$ anos e sua vida útil é de 50 anos, será:

$$R = 1 - \left(1 - \frac{1}{500}\right)^{50} = 0,1 = 10\%$$

4.6 Estatística aplicada à hidrologia

As séries de variáveis hidrológicas, como precipitações, vazões, entre outras, apresentam variações sazonais ao longo do tempo (variações irregulares). Portanto, essas variáveis estarão sempre associadas a uma probabilidade de ocorrência. Em consequência, as obras hidráulicas devem ser dimensionadas para determinado "risco" de falha.

O objetivo da estatística é extrair informações significativas de dada massa de dados. As técnicas utilizadas em estatísticas aplicadas à hidrologia permitem avaliar a probabilidade de um fenômeno hidrológico com determinada magnitude.

4.6.1 Medidas de posição e dispersão: média e desvio-padrão

As medidas de posição tendem a representar o quanto os dados de uma amostra estão dispersos em relação a um parâmetro. Elas podem ser medidas de tendências centrais, como média, mediana, máximo, mínimo e percentil. Assim, as medidas de posição demonstram a variabilidade do conjunto de dados. Já as medidas de dispersão – as quais podem ser amplitude, intervalo-interquartil, variância, desvio-padrão e coeficiente de variação – possuem a finalidade de encontrar um valor que resume a variabilidade de um conjunto de dados. Para a estatística aplicada à hidrologia, é interessante analisar a média e o desvio-padrão. Vejamos a seguir os conceitos e os cálculos dessas medidas de posição e dispersão, respectivamente.

4.6.1.1 Média

É um valor típico ou representativo de um conjunto de dados. Esses valores típicos tendem a se localizar em um ponto central dentro de um conjunto de dados ordenados. A média é definida por:

$$\overline{X} = \frac{\sum X_i}{n}$$

Em que:

X_i = valor do evento i;

n = número total de eventos.

4.6.1.2 Desvio-padrão

É uma forma de medir o grau de dispersão em relação à média, para cada massa de dados. O desvio-padrão é dado por:

$$S = \sqrt{\frac{\sum (X_i - \overline{X})^2}{n-1}}$$

ou

$$S = \sqrt{\frac{\sum (X_i)^2 - n \cdot (\overline{X})^2}{n-1}}$$

Esses sumários estatísticos são utilizados para estimar os parâmetros das distribuições de probabilidades, que são usadas no ajuste dos histogramas amostrais. Em hidrologia, as distribuições de probabilidades são escolhidas em função do tipo de amostra que se dispõe, isto é, chuvas intensas, vazões máximas, vazões mínimas etc.

4.6.2 Distribuições de probabilidades

As distribuições de probabilidades mais utilizadas em hidrologia são:

- Distribuição normal – Não muito utilizada para o estudo de vazões (ou chuvas) máximas e mínimas, é mais empregada para o cálculo de vazões médias mensais e precipitação total anual.
- Distribuição log-normal – É bastante utilizada para o cálculo de vazões máximas e mínimas e chuvas máximas.
- Distribuição log-Pearson tipo III – Utilizada para o cálculo de vazões e chuvas máximas.
- Distribuição de Gumbel – Utilizada também para o cálculo de vazões e chuvas máximas.

4.6.2.1 Distribuição normal

A distribuição normal, ou curva de Gauss, é uma das mais utilizadas pelos estatísticos, principalmente devido à sua facilidade. A função densidade de probabilidade (FDP) teórica é dada por:

$$f_x(X) = \frac{1}{S\sqrt{2\pi}} \cdot e^{-\frac{1}{2} \cdot \left(\frac{X - \overline{X}}{S} \right)^2}$$

Em que:

$\overline{X}$ = média;

S = desvio-padrão;

π = 3,14159...;

e = 2,71828.

Em problemas de estatística, é comum usar a chamada *função acumulada de probabilidade (FAP)*, ou seja, a integral da expressão $f_x(X)$:

$$F_x(X_0) = \int_{-\infty}^{X_0} f_x(X)\, dX = P(X \leq X_0)$$

Definindo a variável reduzida $Z = \dfrac{X - \bar{X}}{S}$, tem-se a distribuição normal padrão, denotada por *N(0,1)* e com função densidade de probabilidade expressa por:

$$f_z(z) = \dfrac{1}{\sqrt{2\pi}} \cdot e^{-\left(\frac{z^2}{2}\right)}$$

Em que:
$\bar{z} = 0$;
$S_z = 1$.

O Gráfico 4.4 mostra a função densidade de probabilidade $f(X)$ e a função acumulada de probabilidade $F(X)$ da distribuição normal padrão. A Tabela 4.2 apresenta os valores de $F(X)$ correspondentes a $X = \bar{X} \pm \sigma$, $\bar{X} \pm 2\sigma$ e $\bar{X} \pm 3\sigma$.

Gráfico 4.4 – Distribuição normal padrão, N(0,1)

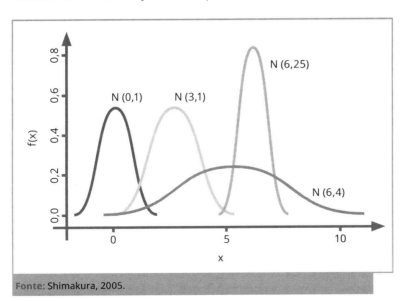

Fonte: Shimakura, 2005.

Tabela 4.2 – Valores da distribuição normal

Z	$\overline{X}$	$F_X(X)$
3	$\overline{X} - 3\sigma$	0,0013
-2	$\overline{X} - 2\sigma$	0,0228
-1	$\overline{X} - \sigma$	0,1587
0	$\overline{X}$	0,5000
1	$\overline{X} + \sigma$	0,8413
2	$\overline{X} + 2\sigma$	0,9772
3	$\overline{X} + 3\sigma$	0,9987

Fonte: UCG, 2014.

O valor de *F(X)* corresponde à área total limitada pela curva *f(X)* e pelo eixo dos *X*, sendo a área total igual a 1.

As seguintes propriedades são válidas para a distribuição normal:

- *F(X)* → 0 quando $X → \pm\infty$;
- $f_x(X)$ é máximo quando $X = \overline{X}$ e a área sob essa curva ou valor ou *F(X)* é igual a 0,5;
- a distribuição é simétrica em relação à média (tem a forma de um sino);
- o coeficiente de assimetria é igual a 0.

4.6.2.2 Equação geral de Ven Te Chow

Uma forma muito simples de aplicar a distribuição normal e outras distribuições é por meio da equação geral proposta por Ven Te Chow.

Nessa equação, a variável de interesse (vazão, chuva etc.) é expressa em função da média, do desvio-padrão e do fator de frequência (K_T):

$$X_T = \overline{X} + K_T \cdot S_X$$

Em que:

X_T = variável de interesse (vazão, chuva etc.) para o período de retorno *T*;

$\overline{X}$ = média amostral;

S = desvio-padrão amostral;

K_T = fator de frequência, tabelado conforme a distribuição de probabilidades em função do período de retorno *T*.

No caso da distribuição normal, o fator de frequência K_T é a própria variável reduzida z. Os valores de K_T, que variam em função do período de retorno, estão apresentados nas tabelas 4.3, 4.4 e 4.5.

Exemplo 1: Aplicação da equação de Ven Te Chow

Com base na série histórica da precipitação anual do posto pluviométrico Riolândia, estimar, para definições de estudo de planejamento regional, os totais anuais de chuva máximos para os períodos de retorno de 50, 100, 200 e 1.000 anos.

Tabela 4.3 – Medidas de precipitação utilizadas no Exemplo 1

Ano	Precipitação anual (mm)
1945	929,3
1946	1.250,0
1947	1.121,3
1948	780,0
1949	1.141,0
1950	949,3
1951	739,1
1952	1.238,4
1953	1.268,8
1954	863,9
1955	1.297,6
1956	1.266,3
1957	1.231,5
1958	1.008,7
1959	1.246,5

Ano	Precipitação anual (mm)
1960	1.222,0
1961	1.305,3
1962	986,4
1963	1.035,8
1964	1.567,3
1965	1.115,8
1966	1.291,8
1967	1.054,7
1968	701,4
1969	1.459,9
1970	1.201,4
1971	1.557,5
1972	1.243,9
1973	1.463,4

Fonte: São Paulo, 1999.

Tabela 4.4 – Valores de K_T para distribuição normal

Probabilidade de exceder	T_R (anos)	K_T	Probabilidade de exceder	T_R (anos)	K_T
0,0001	10000	3,719	0,500	2	0,000
0,0005	2000	3,291	0,550	1,818	−0,126
0,001	1000	3,090	0,600	1,667	−0,253
0,002	500	2,878	0,650	1,538	−0,385
0,005	200	2,576	0,700	1,428	−0,524
0,010	100	2,326	0,750	1,333	−0,674
0,020	50	2,054	0,800	1,25	−0,842
0,025	40	1,960	0,850	1,176	−1,036
0,050	20	1,645	0,900	1,111	−1,282
0,100	10	1,282	0,950	1,052	−1,645
0,150	6,667	1,036	0,975	1,025	−1,960
0,200	5	0,842	0,990	1,01	−2,326

(continua)

(Tabela 4.4 – conclusão)

Probabilidade de exceder	T_R (anos)	K_T	Probabilidade de exceder	T_R (anos)	K_T
0,250	4	0,674	0,995	1,005	−2,576
0,300	3,333	0,524	0,999	1,001	−3,090
0,350	2,857	0,385	0,9995	1,0005	−3,291
0,400	2,5	0,253	0,9999	1,0001	−3,719
0,450	2,222	0,126			
0,500	2	0,000			

Fonte: São Paulo, 1999.

Tabela 4.5 – Valores do fator de frequência K_T

Período de retorno T (anos)	5	10	15	20	25	50	100
K_T	0,995	1,748	2,173	2,470	2,699	3,405	4,105

Fonte: São Paulo, 1999.

Solução:

Tabela 4.6 – Cálculos realizados na planilha Excel referente ao Exemplo 1

Ano	X_i	$(X_i)^2$
1945	923,3	863.598
1946	1.250,0	1.562.500
1947	1.121,3	1.257.314
1948	780,0	608.400
1949	1.141,0	1.301.881
1950	949,3	901.170
1951	739,1	546.269
1952	1.238,4	1.533.635
1953	1.268,8	1.609.853
1954	863,9	746.323
1955	1.297,6	1.683.766
1956	1.266,3	1.603.516
1957	1.231,5	1.516.592
1958	1.008,7	1.017.476
1959	1.246,5	1.553.762
1960	1.222,0	1.493.284

Ano	X_i	$(X_i)^2$
1961	1.305,3	1.703.808
1962	986,4	972.985
1963	1.035,8	1.072.882
1964	1.567,3	2.456.429
1965	1.115,8	1.245.010
1966	1.291,8	1.668.747
1967	1.054,7	1.112.392
1968	701,4	491.962
1969	1.459,9	2.131.308
1970	1.201,4	1.443.362
1971	1.557,5	2.425.806
1972	1.243,9	1.547.287
1973	1.463,4	2.141.540
Soma	33.538,3	40.212.857

Fonte: São Paulo, 1999.

Média:

$$\bar{X} = \frac{\sum X_i}{n} = \frac{33.538,3}{29} = 1.156,5 \text{ mm}$$

Desvio-padrão:

$$S = \sqrt{\frac{\sum (x_i)^2 - n \cdot (\bar{X})^2}{n-1}} =$$

$$= \sqrt{\frac{40.212.857 - 29 \cdot (1.156,5)^2}{28}} = 225,6 \text{ mm}$$

Utilizando a equação de Ven Te Chow:

$$X_T = \bar{X} + S_x \cdot K_T$$

A partir da Tabela 4.5 são extraídos os valores de K_T para os quatro períodos de retorno:

◉ $K_{50} = 2,054$

◉ $K_{100} = 2,326$

◉ $K_{200} = 2,576$

◉ $K_{1.000} = 3,090$

◉ $Q_{50} = 1.156,5 + 2,054 \cdot 225,6 = 1.619,9 \text{ mm}$

◉ $Q_{100} = 1.156,5 + 2,326 \cdot 225,6 = 1.681,2 \text{ mm}$

◉ $Q_{200} = 1.156,5 + 2,576 \cdot 225,6 = 1.737,6 \text{ mm}$

◉ $Q_{1.000} = 1.156,5 + 3,090 \cdot 225,6 = 1.853,6 \text{ mm}$

4.6.2.3 Distribuição log-normal

Nem todos os eventos hidrológicos obedecem à distribuição normal. Alguns deles se ajustam segundo uma distribuição denominada *log-normal*. As vazões máximas e mínimas anuais de um curso d'água natural atendem normalmente a essa distribuição.

Diz-se que uma amostra obedece à distribuição log-normal quando os logaritmos de seus valores obedecem à distribuição normal.

Roteiro do cálculo:

1. Dada a série de valores (X_i), calculam-se os respectivos logaritmos. Dessa forma, tem-se $Y_i = \log X_i$.

2. Determina-se a média $(\bar{Y})$ e o desvio-padrão (S_Y) e aplica-se a distribuição normal aos valores de Y.

3. Aplica-se a equação de Ven Te Chow e determina-se o valor de Y_T para o período de retorno desejado. Obtém-se o valor X_T calculando o antilogaritmo de Y_T, ou seja, $X_T = 10^{Y_T}$.

Exemplo 2: Aplicação da distribuição log-normal

Tabela 4.7 – Medidas de precipitação para o cálculo do Exemplo 2

Ano	$Q_{máx.}$ (m³/s)
1967	348,2
1968	295,4
1969	315,6
1970	278,8
1971	304,3
1972	290,5
1973	277,9
1974	362,1
1975	314,7
1976	288,0
1977	260,5
1978	335,4
1979	310,0
1980	294,3
1981	331,5

Fonte: São Paulo, 1999.

Visando à canalização de um curso d'água, determine as vazões de projeto, para os períodos de retorno de 50 e 1.000 anos, a partir da série de dados de vazões máximas anuais apresentada na Tabela 4.7 (o ideal seria que a série histórica fosse superior a 25 anos de dados).

Solução:

$$\overline{Y} = \frac{\sum Y_i}{n} = \frac{37,2851}{15} = 2,4857$$

$$S_Y = \sqrt{\frac{\sum (Y_i)^2 - n \cdot (\overline{Y})^2}{n-1}} =$$

$$\sqrt{\frac{92,7004 - 15 \cdot (2,4857)^2}{14}}$$

$$S_y = 0,0376$$

Tabela 4.8 – Cálculos realizados na planilha Excel referente ao Exemplo 2

Ano	X	$Y = \log X$	Y^2
1967	348,2	2,5418	6,4609
1968	295,4	2,4704	6,1029
1969	315,6	2,4991	6,2457
1970	278,8	2,4453	5,9795
1971	304,3	2,4833	6,1668
1972	290,4	2,4631	6,0671
1973	277,9	2,4439	5,9726
1974	362,1	2,5588	6,5476
1975	314,7	2,4979	6,2395
1976	288,0	2,4594	6,0486
1977	260,5	2,4158	5,8361
1978	335,4	2,5256	6,3785
1979	310,0	2,4914	6,2069
1980	294,3	2,4688	6,0949
1981	331,5	2,5205	6,3528
Soma		37,2851	92,7004

Fonte: São Paulo, 1999.

A partir da Tabela 4.5 é possível extrair os valores de K_T:

◙ para Tr = 50 → K_T = 2,054

◙ para Tr = 1.000 anos K_T = 3,090

Utilizando a fórmula geral de Ven Te Chow para Y, tem-se:

$$Y_T = \bar{Y} + S_Y \cdot K_T$$

Substituindo os valores de $\bar{Y}$, K_T e S_Y, tem-se:

$Y_{50} = 2,4857 + 2,054 \cdot 0,0376 = 2,5629$

$Y_{1000} = 2,4857 + 3,090 \cdot 0,0376 = 2,6019$

Finalmente, calculando o antilogaritmo de Y_{50} e Y_{1000}:

◙ Para T_r = 50 anos → $Q_{máx}$ = $10^{2,5629}$ ≈ 365,5 m³/s

◙ Para T_r = 1000 anos → $Q_{máx}$ = $10^{2,6019}$ ≈ 399,9 m³/s

4.6.2.4 Distribuição log-Pearson tipo III

Nessa distribuição, a vazão (ou chuva) máxima é calculada da mesma forma que a distribuição log-normal. A única diferença está na determinação do fator de frequência K_T, pois na distribuição log-Pearson III é considerado também o coeficiente de assimetria. Com essa distribuição, a vazão máxima pode ser calculada da seguinte forma:

$$Y_T = \bar{Y} + S_Y \cdot K_P$$

$$X_T = 10^{Y_T}$$

Os seguintes símbolos são usados no método de log-Pearson tipo III:

◙ X_T = vazão (ou chuva) calculada para determinado período de retorno T;

◙ X_i = valor numérico de vazão (ou chuva);

◙ Y_i = logaritmo de X_i;

◙ n = número de eventos hidrológicos considerados;

◙ $\bar{Y}$ = média de Y_i;

◙ S_Y = desvio-padrão de Y_i;

◙ $d_i = Y_i - \bar{Y}$ (desvio entre Y_i e a média);

◙ g = coeficiente de assimetria, dado por:

$$g = \frac{n \sum d_i^3}{(n-1) \cdot (n-2) \cdot S_Y^3}$$

◙ K_p = fator de frequência da distribuição Pearson Tipo III que depende de "g" e T, cujos valores estão na Tabela 4.9.

A distribuição log-normal vista aqui é um caso particular da log-Pearson tipo III quando g = 0.

Roteiro de cálculo:

1. Transformar n vazões máximas anuais $X_1, X_2, X_3, ..., X_i, ..., X_n$ em correspondentes logaritmos $Y_1, Y_2, Y_3, ..., Y_i, ..., Y_n$.

2. Calcular a média dos logaritmos ($\bar{Y}$).

3. Calcular o desvio-padrão dos logaritmos (S_Y).

4. Calcular o coeficiente de assimetria (g).

5. O fator K_p é extraído da Tabela 4.9 para o valor de g calculado e considerando o período de retorno (T) desejado.

6. Calcular os logaritmos dos valores correspondentes a determinados T por meio da seguinte expressão.

$$Y_T = \overline{Y} + S_Y \cdot K_P$$

7. Achar a vazão (chuva) para o período de retorno considerado por meio da expressão $X_T = 10^{Y_T}$.

Tabela 4.9 – Valores de K_P para coeficiente de assimetria e períodos de retorno

	Probabilidade					
G	**0,5**	**0,2**	**0,1**	**0,04**	**0,02**	**0,01**
1,4	−0,225	0,705	1,337	2,128	2,706	3,271
1,0	−0,164	0,758	1,340	2,043	2,542	3,022
0,6	−0,099	0,800	1,328	1,939	2,359	2,755
0,2	−0,033	0,830	1,301	1,818	2,159	2,472
0,0	0,000	0,842	1,282	1,751	2,054	2,326
−0,2	0,033	0,850	1,258	1,680	1,945	2,178
−0,6	0,099	0,857	1,200	1,528	1,720	1,880
−1,0	0,164	0,852	1,128	1,366	1,492	1,588
−1,4	0,225	0,832	1,041	1,198	1,270	1,318

Fonte: Naghettini; Pinto, 2007, p. 155.

Exemplo 3: Aplicação da distribuição log-Pearson tipo III

Tomando o mesmo exemplo utilizado na distribuição log-normal, calcule a vazão máxima para os períodos de retorno de 50 e 1.000 anos.

Solução:

Tabela 4.10 – Cálculos realizados na planilha Excel referente ao Exemplo 3

Ano	X_i	$Y_i = \log X_i$	Y_i^2	$d_i = Y_i - Y_m$	d_i^3
1967	348,2	2,5418	6,4609	0,0561	0,000177
1968	295,4	2,4704	6,1029	−0,0153	−0,000004
1969	315,6	2,4991	6,2457	0,0134	0,000002
1970	278,8	2,4453	5,9795	−0,0404	−0,000066
1971	304,3	2,4833	6,1668	−0,0024	0,000000
1972	290,5	2,4631	6,0671	−0,0226	−0,000011
1973	277,9	2,4439	5,9726	−0,0418	−0,000073

(continua)

(Tabela 4.10 – conclusão)

Ano	X_i	$Y_i = logX_i$	Y_i^2	$d_i = Y_i - Y_m$	d_i^3
1974	362,1	2,5588	6,5476	0,0731	0,000391
1975	314,7	2,4979	6,2395	0,0122	0,000002
1976	288,0	2,4594	6,0486	-0,0263	-0,000018
1977	260,5	2,4158	5,8361	-0,0699	-0,00034
1978	335,4	2,5256	6,3785	0,0399	0,000063
1979	310,0	2,4914	6,2069	0,0057	0,000000
1980	294,3	2,4688	6,0949	-0,0169	-0,000005
198	331,5	2,5205	6,3528	0,0348	0,000042
Soma		37,2851	92,7004		0,000159

Fonte: Naghettini; Pinto, 2007, p. 174.

Média dos logaritmos:

$$\overline{Y} = \frac{\sum Y_i}{n} = \frac{37,2851}{15} = 2,4857$$

Desvio-padrão dos logaritmos:

$$S_Y = \sqrt{\frac{\sum (Y_i)^2 - n \cdot (\overline{Y})^2}{n - 1}} =$$

$$\sqrt{\frac{92,7004 - 15 \cdot (2,4857)^2}{14}} =$$

$$S_y = 0,0376$$

Coeficiente de assimetria (g):

$$g = \frac{n \sum d_i^3}{(n - 1) \cdot (n - 2) \cdot S_Y^3} =$$

$$\frac{15 \cdot 0,000159}{(15 - 1) \cdot (15 - 2) \cdot (0,0376)^3} = 0,247$$

A partir da Tabela 4.11 é possível determinar os valores de K_p:

Tabela 4.11 – Valores de Tr, g, K_P para coeficiente de assimetria e períodos de retorno para 50 anos

Para T_r = 50 anos	g	K_P
	0,2	2,159
	0,247	X
	0,3	2,211

Fonte: Barros; Brites, 2014.

Valores de K_p:

$$\frac{0,3 - 0,2}{0,247 - 0,2} = \frac{2,211 - 2,159}{x - 2,159} =$$

$$\frac{0,1}{0,047} = \frac{0,052}{x - 2,159}$$

$$x = 2,183$$

K_p = 2,183

Y_{50} = 2,4857 + 2,183 · 0,0376 = 2,5678

Q_{50} = $10^{2,5678}$ = 370 m³/s

A partir da Tabela 4.12 é possível determinar os valores de K_p.

Tabela 4.12 – Valores de T_r, g, K_P para coeficiente de assimetria e períodos de retorno para 100 anos

Para T_r = 100 anos	g	K_P
	0,2	3,380
	0,247	X
	0,3	3,525

Fonte: Barros; Brites, 2014.

Valores de K_P:

$$\frac{0,3 - 0,2}{0,247 - 0,2} = \frac{3,525 - 3,380}{x - 3,380} =$$

$$\frac{0,1}{0,047} = \frac{0,145}{x - 3,380}$$

$$x = 3,4482$$

$K_p = 3,4482$

$Y_{1000} = 2,4857 + 3,4482 \cdot 0,0376 = 2,6154$

$Q_{1000} = 10^{2,6154} = 412 \text{ m}^3/\text{s}$

4.6.2.5 Distribuição de Gumbel

Outra distribuição utilizada com bons resultados para a análise de máximos é a chamada *distribuição de Gumbel*, expressa pela seguinte fórmula:

$$P(X \geq x) = 1 - e^{-e^{-y}} = \frac{1}{T}$$

Em que:

P = probabilidade de um valor extremo X ser maior ou igual a um dado valor x;

T = período de retorno;

y = variável reduzida de Gumbel.

Aplicando *ln* em ambos os termos, temos:

$$-e^{-e^{-y}} = \frac{1}{T} - 1$$

$$e^{-e^{-y}} = 1 - \frac{1}{T}$$

$$e^{-e^{-y}} = \frac{T - 1}{T}$$

$$-e^{-y} = ln\left(\frac{T - 1}{T}\right)$$

$$e^{-y} = -ln\left(\frac{T - 1}{T}\right)$$

$$-y = ln\left[-ln\left(\frac{T - 1}{T}\right)\right]$$

$$y = -ln\left[-ln\left(\frac{T - 1}{T}\right)\right]$$

Como y depende do período de retorno T, é possível escrever:

$$y_T = -ln\left[-ln\left(\frac{T - 1}{T}\right)\right]$$

A relação entre y_T e Q_T é dada por:

$$y_T = \frac{X_T - \overline{X} + 0,45 \cdot S_x}{0,7797 \cdot S_x}$$

Em que:

X_T = vazão (ou chuva) para determinado período de retorno T;

$\overline{X}$ = média da amostra;

S_x = desvio-padrão da amostra;

y_T = variável reduzida de Gumbel para período de retorno T.

Exemplo 4: Aplicação de distribuição de Gumbel

Tomando o mesmo exemplo utilizado nas distribuições log-normal e log-Pearson tipo III, foram calculadas as vazões para os períodos de retorno de 50 e 1.000 anos.

Solução:

Média das vazões:

$$\overline{Q} = \frac{\sum Q_i}{n} = \frac{4607,2}{15} = 307,1 \text{ m}^3/\text{s}$$

Desvio-padrão das vazões:

$$S_Q = \sqrt{\frac{\sum (Q_i)^2 - n \cdot (\overline{Q})^2}{n - 1}} =$$

$$\sqrt{\frac{1.426.109,0 - 15 \cdot (307,1)^2}{14}}$$

$$S_Q = 28,6 \text{ m}^3/\text{s}$$

Para T = 50 anos:

$$y_{50} = - \ln\left[-\ln\left(\frac{50-1}{50}\right)\right] = 3,902$$

$$3,902 = \frac{Q_{50} - 307,1 + 0,45 \cdot 28,6}{0,7797 \cdot 28,6}$$

$$Q_{50} = 381,2 \text{ m}^3/\text{s}$$

Para T = 1.000 anos:

$$y_{1000} = - \ln\left[-\ln\left(\frac{1000-1}{1000}\right)\right] = 6,907$$

$$6,907 = \frac{Q_{1000} - 307,1 + 0,45 \cdot 28,6}{0,7797 \cdot 28,6}$$

$$Q_{1000} = 448,3 \text{ m}^3/\text{s}$$

Tabela 4.13 – Cálculos realizados na planilha Excel referente ao Exemplo 4

Ano	X_i	X_i^2
1967	348,2	121243,2
1968	295,4	87261,2
1969	315,6	99603,4
1970	278,8	77729,4
1971	304,3	92598,5
1972	290,5	84390,3
1973	277,9	77228,4
1974	362,1	131116,4
1975	314,7	99036,1
1976	288,0	82944,0
1977	260,5	67860,3
1978	335,4	112493,2
1979	310,0	96100,0
1980	294,3	86612,5
1981	331,5	109892,3
Soma	4607,2	1426109,0

Fonte: Barros; Brites, 2014.

É possível aplicar também a distribuição de Gumbel utilizando a fórmula geral de Ven Te Chow, em que o fator de frequência é calculado da seguinte forma:

$$K_T = \frac{\sqrt{6}}{\pi}\left[0,577 + \ln \ln\left(\frac{T}{T-1}\right)\right]$$

Resolução:

Para T = 50 anos:

$$K_{50} = \frac{\sqrt{6}}{\pi}\left[0,577 + \ln \ln\left(\frac{50}{50-1}\right)\right] = 2,5924$$

$$Q_{50} = 307,1 + 2,5924 \cdot 28,6 = 381,2 \text{ m}^3/\text{s}$$

Para T = 1.000 anos:

$$K_{1000} = \frac{\sqrt{6}}{\pi}\left[0,577 + ln\, ln\left|\frac{1000}{1000-1}\right|\right] = 4,9357$$

$$Q_{1000} = 307{,}1 + 4{,}9357 \cdot 28{,}6 = 448{,}3 \text{ m}^3/\text{s}$$

Tabela 4.14 – Comparação das vazões máximas obtidas (em m³/s)

Distribuição	Período de retorno (T)	
	50	1000
log-normal	365,5	399,9
log-Pearson tipo III	370,0	412,0
Gumbel	381,2	448,3

Fonte: Barros; Brites, 2014.

■ Estudo de caso

Canais perenes são aqueles que ocorrem em regime permanente de fluxo; os intermitentes são os corpos d'água que fluem somente na época das chuvas, ou seja, quando as nascentes (aquíferos) estão abastecidas. Com a estação de déficit hídrico, por exemplo, em épocas de estiagem (seca), esses canais podem secar e se tornar, então, canais efêmeros. Nesses canais, a água flui somente quando ocorre escoamento originado de precipitação, ou seja, a enxurrada.

■ Síntese

Os fatores fisiográficos mais importantes para caracterizar uma bacia hidrográfica, são, por exemplo, o uso do solo, os tipos de solos, a área e a forma das bacias hidrográficas, a declividade, a elevação, a declividade do curso d'água, os tipos de redes de drenagens e a densidade de drenagem.

Entre os índices propostos para definir a forma da bacia, foram calculados o fator de forma e os índices de compacidade e de conformação. Já a área da bacia, calculada com a métrica de km², é definida como uma área plana pela projeção horizontal do divisor de águas, pois seu valor multiplicado pela lâmina da chuva precipitada define o volume de água recebido pela bacia. A área pode ser determinada com boa precisão por meio de um planímetro, com métodos geométricos de determinação de área de figura irregular ou com recursos intrínsecos aos aplicativos de Sistemas de Informação Geográfica (SIG), quando se trabalha com a planta digitalizada.

A área da bacia não afeta diretamente a vazão média. Assim, as vazões médias específicas (vazão por unidade de área) em vários pontos de uma bacia são praticamente constantes.

Os padrões de drenagem ou tipos de drenagem são determinados pela velocidade de escoamento em canal, que é usualmente maior que a velocidade de escoamento superficial. A densidade de drenagem (Dd) é a razão entre o comprimento total dos cursos d'água em uma bacia hidrográfica e a área dessa bacia.

O objetivo dos estudos geológicos dos solos e subsolos é classificá-los segundo a maior ou a menor permeabilidade, dada a influência que tal característica tem na rapidez de crescimento das cheias. Durante precipitações maiores, solos cobertos por folhas e galhos evitam que o escoamento superficial atinja o curso d'água num curto intervalo de tempo, evitando uma enchente. Se a área for desflorestada e seu solo compactado ou impermeabilizado, a chuva que antes se infiltrava no solo pode provocar enchentes nunca vistas.

Entretanto, esse fator não tem influência sensível nas maiores enchentes catastróficas. O tipo de solo, em qualquer bacia, influencia as características do escoamento superficial, devido à capacidade de infiltração de cada tipo, que, por sua vez, é resultado do tamanho das partículas, sua agregação, forma e arranjo. Solos que contêm material coloidal se contraem e se incham com as mudanças de infiltração.

Os fatos e números referentes à disponibilidade, à quantidade, à qualidade, aos usos e ao controle e à conservação dos recursos hídricos constituem os dados básicos para o planejamento integrado de uma bacia hidrográfica. Já as séries de variáveis hidrológicas – como precipitações, vazões, entre outras – apresentam variações sazonais ao longo do tempo (variações irregulares). Portanto, essas variáveis estarão sempre associadas a uma probabilidade de ocorrência.

Em consequência, as obras hidráulicas devem ser dimensionadas para determinado "risco" de falha. Contudo, o principal objetivo da estatística aplicada à hidrologia é extrair informações significativas de dada massa de dados. As técnicas utilizadas em estatísticas aplicadas à hidrologia permitem avaliar a probabilidade de um fenômeno hidrológico com determinada magnitude.

■ Questões para revisão

1. Quais os fatores fisiográficos mais importantes para caracterizar uma bacia hidrográfica?

2. De acordo com a forma geométrica, quais são as formas de bacia?

3. Na hidrologia, as distribuições de probabilidades mais utilizadas são:
   a] Distribuição normal, distribuição *broken-stick* e distribuição log-series.
   b] Distribuição normal, vara quebrada e log na base 10.
   c] Distribuição normal, distribuição log-normal, distribuição log-Pearson, distribuição de Gumbel.
   d] Probabilidades normais, probabilidades log-series, probabilidades log-Pearson, e probabilidades *broken-stick*.
   e] Nenhuma das alternativas anteriores está correta.

4. Entre as principais características de uma água de superfície, é correto afirmar:
   a] Possui elevadas temperaturas, alta concentração de matéria orgânica dissolvida e muita turvação.
   b] Temperaturas relativamente baixas, elevada concentração de matéria orgânica não dissolvida e elevada turvação.
   c] Não possui elevadas temperaturas, mas alta concentração de matéria orgânica dissolvida e muita turvação.
   d] Possui elevadas temperaturas, porém baixa concentração de matéria orgânica dissolvida e turvação.
   e] Nenhuma das alternativas anteriores está correta.

5. A respeito da densidade de drenagem (Dd), é correto afirmar.
   a] É a soma entre o comprimento total dos cursos d'água em uma bacia hidrográfica e a área dessa bacia.
   b] É a subtração entre o comprimento total dos cursos d'água em uma bacia hidrográfica e a área dessa bacia.
   c] É o produto entre o comprimento total dos cursos d'água em uma bacia hidrográfica e a área dessa bacia.
   d] É a divisão entre o comprimento total dos cursos d'água em uma bacia hidrográfica e a área dessa bacia.
   e] É a razão entre o comprimento total dos cursos d'água em uma bacia hidrográfica e a área dessa bacia.

■ QUESTÕES PARA REFLEXÃO

Qual é a importância da cobertura vegetal em eventos extremos, como elevadas chuvas e enchentes?

Como a estatística aplicada à hidrologia pode contribuir na previsão de eventos extremos?

■ Para saber mais

Há três tipos de secas que afetam a região do semiárido do Nordeste do Brasil: a seca anual, a seca com duração de um a dois anos e a seca prolongada. A seca anual, de aproximadamente sete a oito meses, é sempre esperada e o sertanejo sobrevive a ela à custa de enormes sacrifícios.

A seca com duração de um a dois anos não apresenta regularidade; entretanto, a seca prolongada persiste por mais de três anos e, pela extensão e severidade, atinge drasticamente a região do semiárido. [...]

Os registros pluviométricos da série histórica de Fortaleza, Ceará (1849 a 1983), atestam que as secas prolongadas são recorrentes em ciclos de 26 anos.

Os eventos de secas prolongadas no Nordeste brasileiro (NEB), recorrentes em ciclos de 26 anos, foram identificados por Carlos Girardi e Luís Teixeira (Centro Técnico Aeroespacial – CTA), ao analisarem a série histórica da pluviometria dessa região (1849-1977). Naquela oportunidade foi prognosticada uma seca de longa duração no período de 1979 a 1985. A previsão se confirmou e a seca ocorreu entre 1979 e 1983/fev. [...]

Para entender melhor como se dá essa previsão de secas prolongadas para o Nordeste Brasileiro, acesse:

PATROCÍNIO, S. F. Previsão de secas prolongadas para o Nordeste brasileiro. Disponível em: <http://www.rematlantico.org/Members/suassuna/projetos/previsao-de-secas-prolongadas-para-o-nordeste-brasileiro>. Acesso em: 20 ago. 2014.

Capítulo 5

Distribuição e demanda de água no Brasil e no mundo e os aquíferos

Conteúdos do capítulo
- Distribuição de água doce no Brasil e no mundo.
- Recursos hídricos disponíveis e reservatórios.
- Tipos de água: superficial, subterrânea, aquíferos e poços.
- Uso e cuidados com os recursos hídricos.

Após o estudo deste capítulo, você será capaz de:
1. entender a situação atual da distribuição da água no Brasil e no mundo;
2. conhecer os principais reservatórios de água disponíveis para consumo;
3. diferenciar os tipos de água e sua vulnerabilidade à poluição;
4. entender os principais cuidados com os recursos hídricos.

5.1 Distribuição e demanda de água no planeta Terra

Já sabemos que a água é fundamental em nossa vida e, agora que já conhecemos mais acerca do ciclo da água, da importância de um ciclo equilibrado, das causas e das consequências de eventos extremos como as enchentes, vamos tratar da questão da demanda, distribuição e disponibilidade das águas no planeta. Alguns dados poderão impressionar, como demonstra o Gráfico 5.1.

Gráfico 5.1 – Distribuição da água no planeta

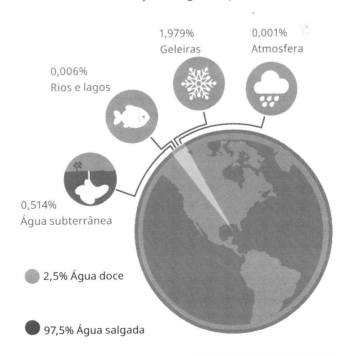

Fonte: Faria, 2013, p. 26.

Gráfico 5.2 – Proporção das terras emersas e cobertas

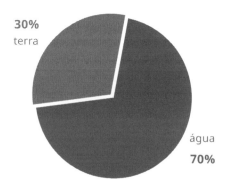

Fonte: Água Online, 2014.

Gráfico 5.3 – Total de água no mundo

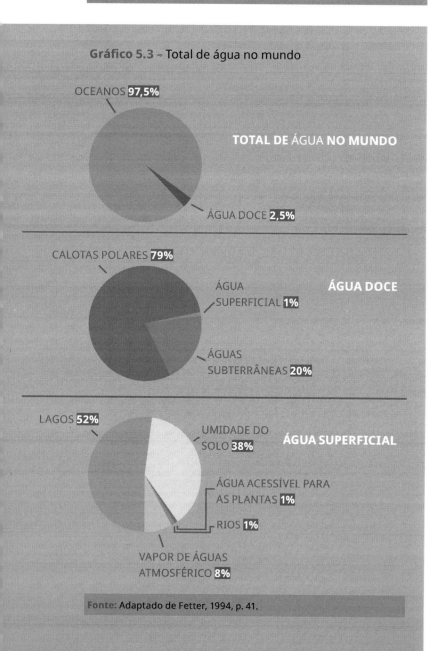

Fonte: Adaptado de Fetter, 1994, p. 41.

A Terra é constituída por uma grande extensão de água, por isso é conhecida como *planeta água*. Calcula-se que a quantidade de água no planeta seja de 1,386 milhão de km³, sendo que 97,5% do volume total forma os oceanos e os mares, dos quais apenas 2,5% são de água doce (Rebouças; Braga; Tundisi, 1999).

A maior parte da água no planeta é salgada e a distribuição dos recursos hídricos não é homogênea e igualitária em todas as regiões terrestres.

Não é tarefa fácil calcular a quantidade exata de água na Terra, já que há permanente movimento e constantes mudanças de um estado físico para o outro. É importante frisar que a quantidade de água em nosso planeta é sempre estimada, já que não é possível obter um cálculo preciso e único.

Se observarmos o Gráfico 5.2 veremos que a proporção de terras emersas e cobertas por água é consideravelmente desigual, ou seja, a quantidade de água (terras cobertas por águas) corresponde a 360 milhões km² ou 70% e as terras emersas (terra firme) equivalem a 149,5 milhões km² ou 30% (Shiklomanov, 1993).

Podemos observar, com base no Gráfico 5.3, que o total

de água potável disponível para o uso é muito pequena. É interessante notar também os dados a seguir, que comprovam de forma bem clara como é importante cuidar e usar bem os recursos hídricos.

Se analisarmos que 97,5% da superfície do planeta é coberta pelos oceanos (águas salgadas) e que apenas 2,5% constituem-se de água doce (rios, lagos etc.), é imprescindível que observemos a importância de cuidar e utilizar de forma consciente e sustentável os recursos hídricos.

No Gráfico 5.4, podemos ver como ocorre a distribuição de água doce no planeta. As águas subterrâneas (aquíferos) compõem 0,514% da água doce disponível – e extraí-las para o consumo muitas vezes é inviável, pois o acesso é difícil e são necessários grandes investimentos para permitir o uso comercial.

A água ocupa cerca de 70% da superfície da Terra, sendo que a maior parte, 97%, é salgada. Apenas 2% são água doce – e aí se incluem as geleiras polares. Do total de água da Terra, 1% se refere aos rios e lagos e está acessível ao nosso uso.

Os rios e lagos juntos correspondem a pouco mais de 0,006% da água do planeta, quantidade da qual a menor parte se concentra nos lagos. A maioria das cidades utiliza esse recurso para abastecimento, pois é o mais acessível.

A terra arrastada pela água entope o leito dos rios e os resíduos de agrotóxicos carregados pela enxurrada envenenam as águas. E ainda, o volume de enxurrada aumenta quando há desmatamentos, queimadas e práticas agrícolas inadequadas, diminuindo ainda mais a quantidade de água para o consumo humano.

Gráfico 5.4 – Diagrama de barras da distribuição da água na Terra

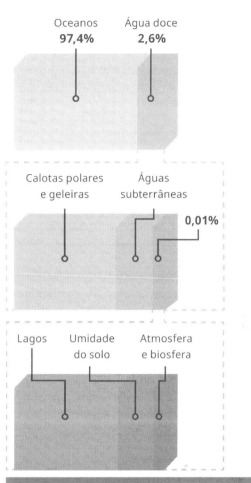

Fonte: Adaptado de Fischesser; Dupuis-Tate, 1996, citado por Navarro, 2010.

Como agravante para a redução da água potável, temos, além do considerável crescimento das aglomerações urbanas, que impactam pela impermeabilização do solo com o crescimento das cidades, os danos causados por queimadas, desmatamento, acúmulo de resíduos e muitos outros prejuízos ambientais gerados pela atividade humana e ainda hoje praticados.

É preciso considerar também que, além do baixo percentual de água doce disponível, parte dela já está poluída pelos esgotos, resíduos industriais, químicos e outros, sendo imprópria para o consumo humano.

Considerando que o volume de água não diminui desde o surgimento do planeta Terra, é possível indagar o porquê dessa situação de escassez de água potável agora. A demanda de água cresceu de forma considerável, mas o volume de água disponível não aumentou na mesma proporção. As transformações da água na natureza são muitas e permanentes e algumas reduzem a disponibilidade de água potável. Para entender melhor esse problema, vamos analisar mais alguns números nos gráficos 5.5 e 5.6.

Gráfico 5.5 – Disponibilidade de recursos hídricos no planeta

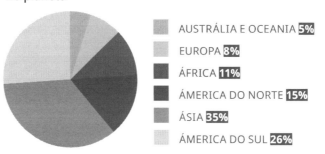

AUSTRÁLIA E OCEANIA 5%
EUROPA 8%
ÁFRICA 11%
AMÉRICA DO NORTE 15%
ÁSIA 35%
AMÉRICA DO SUL 26%

Fonte: Adaptado de Borghetti, 2004, p. 39.

Segundo a Unesco e o MEC (2007), mais de 1 bilhão de pessoas no mundo não têm acesso à água potável para beber e aproximadamente 25 mil pessoas morrem em razão disso. Para a Organização Mundial da Saúde – OMS (Black et al., 2010), 4,6 milhões de crianças de até 5 anos de idade morrem por ano de diarreia em virtude do consumo de água não potável, o que se agrava com a fome e a miséria que atingem brutalmente a população mundial. No Brasil, 30% das mortes de crianças com menos de 1 ano de vida são provocadas pela diarreia, também ocasionada pela ingestão de água não potável (Guimarães; Carvalho; Silva, 2007). A situação brasileira será discutida com mais ênfase no próximo item.

No entanto, não podemos culpar a natureza. Nós somos os responsáveis pelos danos causados pelo uso irresponsável e de forma predatória ao longo de muitos anos. Não respeitamos e tampouco damos tempo para que a natureza possa se recuperar.

Gráfico 5.6 – Disponibilidade de recursos hídricos renováveis no planeta

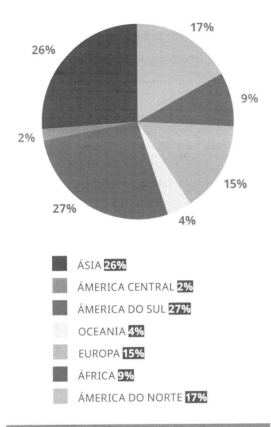

Fonte: Conexão Química, 2011.

os países mais populosos, onde a disponibilidade não é suficiente para o consumo local. Desse modo, verifica-se um descompasso entre a oferta e a demanda.

Como vimos, apesar do volume considerável de água no planeta, há pouca água potável. Da mesma forma, a disponibilidade do recurso hídrico nem sempre é compatível com o número de habitantes, o que exige novas formas de distribuição da água.

5.2 Distribuição e demanda de água doce no Brasil

É importante conhecer bem a importância e a indispensabilidade da água para cuidarmos melhor desse recurso. Já sabemos quais são a disponibilidade e a demanda dos recursos hídricos no Brasil e no mundo e que nem sempre a água existe em quantidade suficiente para atender a necessidade de todos, o que é possível observar no Gráfico 5.7.

Podemos afirmar que o país ocupa uma posição privilegiada no mundo em relação à disponibilidade de recursos hídricos (reveja o Gráfico 5.6), razão pela qual nossa responsabilidade com o uso adequado da água é maior.

Existem regiões em todo o planeta que sofrem muito com a falta de água, ou porque não possuem os recursos hídricos no local ou porque ainda não possuem condições econômicas para o acesso a esse líquido tão precioso.

Analisando a distribuição de água na Terra, é possível verificar que o problema da falta de água potável atinge especialmente

Gráfico 5.7 – Distribuição da água e da população no Brasil

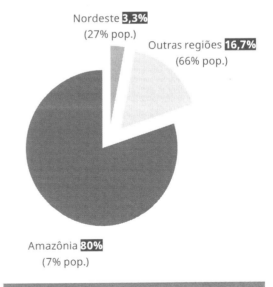

Fonte: Turma..., 2012.

Pelos dados apresentados, é possível verificar que nem sempre o volume de água é suficiente para a população de determinadas regiões. Apesar da abundância de água, em certos locais os recursos hídricos não servem para o uso humano. Neste item trataremos da disponibilidade e da demanda de água doce no nosso país.

Como podemos observar, no Brasil também temos problemas de distribuição de água, porém vale ressaltar que as regiões menos habitadas são as que mais possuem recursos hídricos. Não estamos falando de poluição das águas, mas da localização dos mananciais. Comprova-se, assim, que, apesar da grande disponibilidade hídrica, a distribuição da água no país é desigual em relação à densidade populacional e às demandas *per capita*.

De acordo com dados da Unesco (2012), a distribuição de água doce superficial por continente ocorre conforme o apresentado no Gráfico 5.8.

Conforme observamos no Gráfico 5.7, apesar de o Brasil ter a maior reserva hidrológica do planeta, a distribuição não a disponibiliza na quantidade necessária para todos os brasileiros. Do total de água do país, 80% concentram-se na Amazônia, onde vivem apenas 5% dos habitantes, e os 20% restantes abastecem 95% dos brasileiros.

Vemos, assim, que o Brasil é privilegiado em termos de água doce, mas existem muitas dificuldades em relação ao uso dessa água, pois uma parte considerável dela está poluída. O ritmo acelerado do crescimento populacional, as formas de ocupação humana, a devastação ambiental e a poluição produzem graves desequilíbrios no ambiente, provocam a morte de muitos animais e da vegetação e comprometem seriamente o abastecimento de água às populações.

Gráfico 5.9 – Distribuição de água doce no mundo

O volume total de água na Terra é de cerca de 1.400 milhões de km³. O volume de recursos de água doce é de cerca de 35 milhões de hm³, ou cerca de 2,5% do volume total.

Da água potável existente no planeta muito pouco está acessível, e deste pouco a maior parte é utilizada de forma irracional.

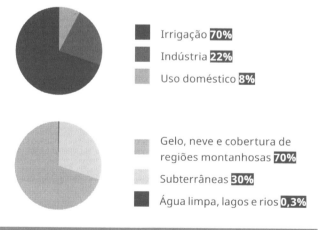

Fonte: Faria, 2013, p. 26.

Gráfico 5.8 – Distribuição da água por continente

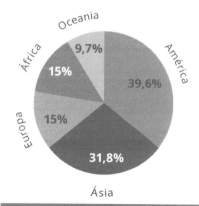

Fonte: Adaptada de Pick-upau..., 2008.

A ocupação desenfreada dos locais próximos aos mananciais tem alterado o ciclo das águas em razão da contaminação do solo, do lixo que ali se acumula e do despejo indevido de resíduos, reduzindo a qualidade da água doce disponível e exigindo cada vez mais produtos químicos para a sua purificação.

Outro grave problema para a distribuição e o abastecimento da água é o desmatamento. Quando a mata é retirada, o solo fica nu, sem cobertura vegetal. Ao cair, a água da chuva não encontra nenhum tipo de barreira, escorre com rapidez e não se infiltra no solo (Sgarbi, 2007), o que não pode acontecer.

O solo precisa ser devidamente encharcado para abastecer o lençol freático. Caso esse processo não ocorra, os mananciais – que se originam de lençóis freáticos – ficam com menos água e podem, gradativamente, secar. Além disso, outro sério problema é quando a água escorre com rapidez e arrasta para o rio grandes quantidades de areia e terra, tornando-o raso e, em consequência, largo e lento. A esse processo damos o nome de *assoreamento*. Os rios assoreados tornam impossível a vida de peixes de grande porte e dificultam a sobrevivência das demais espécies. Ainda em razão do alargamento, muitas vezes o rio chega a áreas de agricultura, o que pode causar erosão perto das margens (Barreto; Forster; Bertoni, 1962).

Esse fenômeno, além do dano ambiental, também reduz a produção de grãos, agravando o problema social e aumentando a desnutrição e a pobreza. Em suma, podemos concluir que a água doce está cada vez mais escassa em todo o planeta, inclusive no Brasil. Nos locais de maior densidade demográfica, há menor disponibilidade de recursos hídricos, como acontece no Sul e no Sudeste; já a região Norte, que tem o maior volume de água, apresenta o menor número de habitantes. Reveja no Gráfico 5.8 a disponibilidade de água doce no mundo.

5.3 Tipos de água: minerais, superficiais e subterrâneas

Aprendemos sobre a disponibilidade da água potável no Brasil e no mundo. Vimos também que sua disponibilidade é pequena e sua distribuição desigual em relação ao número de habitantes de regiões onde esse recurso é mais abundante (Gráfico 5.7). Neste tópico, iremos aprender sobre os tipos de água e as inúmeras formas de usá-la.

Figura 5.1 – Consumo de água doce no mundo

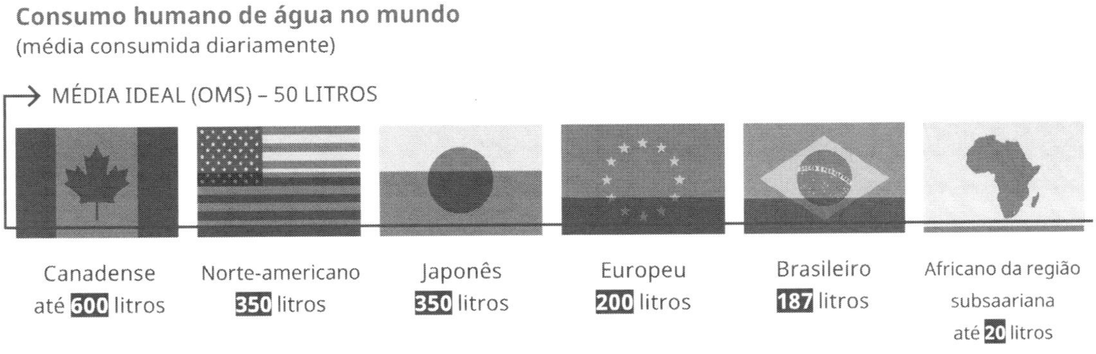

Consumo humano de água no mundo
(média consumida diariamente)

→ MÉDIA IDEAL (OMS) – 50 LITROS

| Canadense até **600** litros | Norte-americano **350** litros | Japonês **350** litros | Europeu **200** litros | Brasileiro **187** litros | Africano da região subsaariana até **20** litros |

Fonte: Adaptado de Santos, 2011.

5.3.1 Águas minerais

Em virtude de sua composição química ou de suas características físico-químicas, as águas minerais são consideradas benéficas à saúde. A rigor, toda água natural, por mais pura que seja, tem certo conteúdo de sais. As águas subterrâneas são enriquecidas em sais retirados das rochas e dos sedimentos por onde percolaram muito vagarosamente.

Existem duas teorias que explicam a origem das águas minerais. Uma delas defende que elas se originaram de eventos magmáticos como o vulcanismo. No entanto, a teoria mais aceita atualmente é a da origem meteórica, a qual sustenta que são apenas águas da chuva que percolaram até uma profundidade muito grande. De acordo com essa teoria, a água da chuva, ao percolar, depois de já ter absorvido algumas substâncias presentes no próprio ar, dissolve elementos presentes nas rochas por onde se infiltra, o que lhe dá características próprias.

Ao chegar à zona de saturação, com a pressão ou ainda por causa da presença de gases em alguns locais, a água torna a subir através de fendas ou falhas geológicas até a superfície. No Brasil, a maior parte das águas mineralizadas se dá na forma de fontes naturais.

No Capítulo 6 saberemos mais acerca da classificação das águas minerais (Figura 5.2), da legislação que as rege e de outros temas pertinentes.

Figura 5.2 – Representação de água mineral

Crédito: Fotolia

5.3.2 Águas superficiais

As águas superficiais configuram uma pequena fração da água total e constituem boa parte da água utilizável pelo homem. São aquelas representadas pelas drenagens e pelos rios que coletam as águas das chuvas que não se infiltram e não evaporam. Portanto, são as águas que acumulam na superfície do solo, tais como os rios, os riachos, os lagos, as lagoas e os pântanos.

Essas águas têm como principal característica as temperaturas relativamente altas; elevada concentração de matéria orgânica dissolvida, proveniente da decomposição da vegetação e de resíduos de origem antropogênica; e, em alguns casos, elevada turbação em razão do número de algas e bactérias que resultam em sabores e cheiros diversos. Em tais casos, a água não deve ser consumida sem um prévio tratamento.

As águas superficiais sofrem muito com a poluição de seus recursos hídricos, causada pelo lançamento de efluentes industriais, agrícolas, esgoto doméstico e resíduos sólidos nos cursos d'água, procedimentos oriundos de atividades humanas. Esses lançamentos, sem o devido tratamento, alteram a composição química da água, comprometendo sua qualidade e reduzindo ainda mais o volume de água potável para o uso humano.

O acesso à água potável é um dos indicativos do nível de desenvolvimento e das condições de vida oferecidas à sociedade de cada país. Para mantermos os recursos hídricos em condições de uso e para fins ornamentais, é indispensável o tratamento dos resíduos sólidos, líquidos e dos diversos níveis de poluição.

5.3.3. Águas subterrâneas

"Considera-se subterrânea toda água que ocorre abaixo da superfície da terra, preenchendo os poros ou vazios intergranulares das rochas sedimentares" (Borghetti, 2004, p. 99).

Ao contrário de outros recursos ambientais, a água subterrânea existe em todo o mundo. A possibilidade de ser extraída varia grandemente de local para local, de acordo com as condições de precipitação e da distribuição dos aquíferos. Em geral, a água subterrânea é renovada apenas em certa época do ano, mas pode ser extraída durante o ano inteiro.

Desde que o seu reabastecimento seja adequado e que a fonte esteja protegida da poluição, pode ser extraída indefinidamente (ANA, 2011).

Na maioria dos casos, é menos contaminada que a superficial, pois conta com a proteção do solo e da cobertura rochosa. Em razão disso e como existe no mundo todo, a maior parte da água que se bebe é subterrânea. No entanto, mesmo mais protegida, alguns produtos, como inseticidas e pesticidas, a destinação incorreta dos resíduos e o uso excessivo têm colocado a água subterrânea em perigo.

5.4 Aquíferos

Aquífero pode ser entendido como uma formação geológica capaz de armazenar água em seus espaços vazios e transmiti-la, possibilitando seu aproveitamento econômico, viavelmente rentável, bem como sua circulação segundo a permeabilidade da formação. Um aquífero é caracterizado em função dos parâmetros de porosidade, permeabilidade e coeficiente de armazenamento.

Se as formações geológicas não são aquíferas, então podem ser definidas como:

- **Aquitardo** – Formação geológica que pode armazenar água, mas a transmite lentamente e, assim, não é rentável e o seu aproveitamento se dá a partir de poços.
- **Aquicludo** – Formação geológica que pode armazenar água, mas não a transmite, ou seja, a água não circula.
- **Aquifugo** – Formação geológica impermeável que não armazena nem transmite água.

Figura 5.3 – Aquíferos livre e confinado

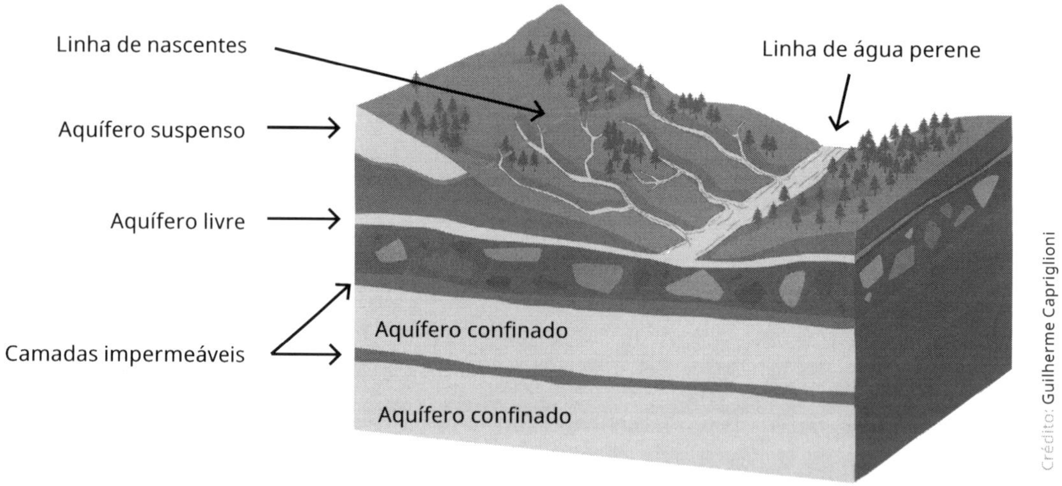

- Linha de nascentes
- Aquífero suspenso
- Aquífero livre
- Camadas impermeáveis
- Linha de água perene
- Aquífero confinado
- Aquífero confinado

Fonte: Adaptado de LNEG, 2001.

Os aquíferos ou lençóis subterrâneos podem ser livres ou confinados:

- **Aquífero livre ou freático** – Localiza-se na primeira camada impermeável do solo e seu nível de água fica sob a pressão atmosférica. O aquífero suspenso também é freático. Ele surge quando uma formação impermeável origina a retenção de águas de infiltração na superfície.
- **Aquífero confinado** – É aquele capeado por camada impermeável, que pode ser perfurada para a construção de poço tubular profundo, também denominado *poço artesiano*, se a água jorrar. Veja a representação desse tipo de aquífero nas figuras 5.4 e 5.5.

Figura 5.4 – Níveis argilosos mas descontínuos e confinantes

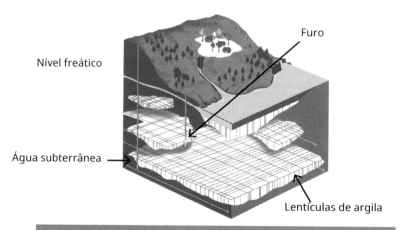

- Nível freático
- Furo
- Água subterrânea
- Lentículas de argila

Fonte: Adaptado de LNEG, 2001.

Figura 5.5 – Comportamento dos furos realizados nos aquíferos livres e confinados

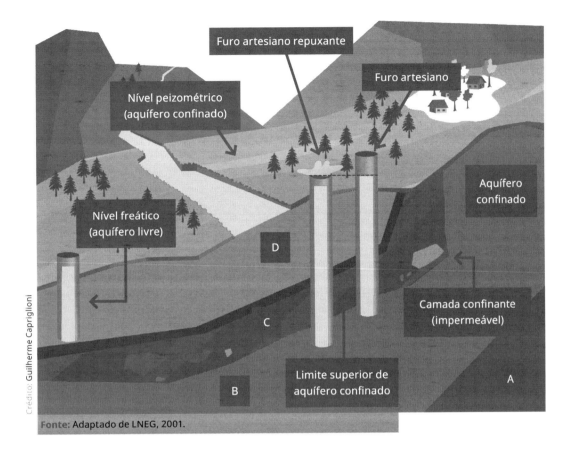

Fonte: Adaptado de LNEG, 2001.

Repare que o aquífero confinado, camada B, é limitado no topo e na base por camadas impermeáveis, camadas C e A, respectivamente. O aquífero livre é formado pela camada D e limitado na base pela camada impermeável C.

Na natureza, as camadas impermeáveis nem sempre se apresentam como observado na Figura 5.3. Elas podem ser descontínuas e irregulares e, do mesmo modo, podem confinar aquíferos. Se efetuarmos furos nesses dois tipos de aquíferos (Figura 5.5), no confinado a água subirá acima do teto do aquífero devido à pressão exercida pelo peso das camadas confinantes sobrejacentes. A altura a que a água sobe chama-se *nível piezométrico* e o furo é artesiano. Se a água atingir a superfície do terreno sob a forma de repuxo, então o furo artesiano é repuxante.

No aquífero livre, o nível da água não sobe e corresponde ao nível da água do próprio aquífero, pois está à mesma pressão que a atmosférica. O nível da água é designado de *nível freático*.

O nível da água nos aquíferos não é estático e varia de acordo com a precipitação ocorrida, a captação de água subterrânea, os efeitos da maré – principalmente nos aquíferos costeiros –, a variação súbita da pressão atmosférica, em especial no inverno, as alterações do regime de escoamento de rios influentes que recarregam os aquíferos e o ciclo da água, que já relatamos.

Existem algumas propriedades físicas associadas aos tipos de aquíferos, dentre as quais estão a porosidade e a permeabilidade.

Figura 5.6 – Porosidade e permeabilidade

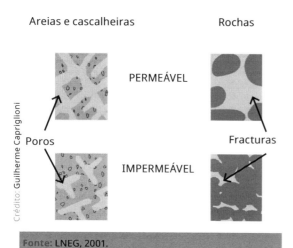

Fonte: LNEG, 2001.

A água subterrânea tem de atravessar e circular por meio das formações geológicas, que devem ser porosas e permeáveis. Uma formação é porosa quando é formada por um agregado de grãos com espaços vazios entre si que podem ser ocupados pela água.

Aos espaços vazios chamamos *poros*. Existem outras formações constituídas por material rochoso em que os espaços vazios correspondem a diaclases e fraturas, e não propriamente a poros (Figura 5.6).

A porosidade das formações será, então, a razão entre o volume de vazios e o volume de formação. Os espaços vazios podem estar conectados ou semifechados, condicionando a passagem de água através da formação (Figura 5.6), característica chamada de *permeabilidade*.

Um terreno muito poroso pode ser muito permeável, se os seus poros são grandes e bem interconectados, tal como nas areias limpas, ou pode ser semipermeável, se houver muitos poros, porém pequenos e semifechados, como nas argilas ou em certos materiais vulcânicos.

Em geral, os terrenos de baixa porosidade tendem a ser pouco permeáveis, uma vez que é difícil estabelecer as conexões entre os poros, como é o caso de rochas metamórficas e ígneas. Se, por um lado, o armazenamento e a circulação da água subterrânea dependem da porosidade e da permeabilidade das formações, por outro, ao circular, a água interfere nessas propriedades, pois, ao longo do seu percurso, interage com as rochas que atravessa, dissolvendo determinadas substâncias e precipitando outras. Por exemplo: as grutas são antigas condutoras nas quais, ao circular, a água dissolve minerais, como a calcite e a dolomite, alargando cada vez mais a conduta. Pensando nisso, a canalização das habitações muitas vezes fica entupida porque a água foi, ao longo do tempo, precipitando calcite nos canos.

Na Tabela 5.1 estão os valores de porosidade e permeabilidade de algumas rochas.

Tabela 5.1 – Valores de porosidade e permeabilidade de algumas rochas

Tipo de rocha	Porosidade (%)	Permeabilidade (m/dia)
Cascalheira	30	> 1.000
Areia	35	10 a 5
Argila	45	< 0,001

Fonte: LNEG, 2001.

De acordo com os tipos de formações rochosas, existem três diferentes formações de aquíferos (Figura 5.7):

1. **Porosos** – A água circula através de poros. As formações geológicas são areias limpas, consolidadas por cimento, também chamadas *arenitos*, conglomerados etc.
2. **Fraturados e/ou fissurados** – A água circula através de fraturas ou pequenas fissuras. As formações são granitos, gabros, filões de quartzo etc.
3. **Cársicos** – A água circula em condutas que resultaram do alargamento de diaclases por dissolução. As formações são os calcários e as dolomites.

Muitas vezes os aquíferos podem ser de mais de um tipo. Um granito, por exemplo, pode ter uma zona superior muito alterada, onde a circulação é feita através dos poros, e uma zona inferior de rocha, onde a circulação é feita por fraturas. Os calcários e as dolomites podem ser cársicos e fissurados, circulando a água através de fissuras da própria rocha e de condutas cársicas.

5.5 Os recursos hídricos: uso e cuidados

O homem usa a água para diversas finalidades: nos afazeres domésticos, em atividades públicas, na navegação, na agricultura e na pecuária, na recreação, no turismo, na mineração (lavagem e purificação de minérios), nos inúmeros processos industriais e na produção de hidroeletricidade (Figura 5.8). No Brasil, a hidroeletricidade como forma de geração de energia supre cerca de 85% das necessidades do país.

Figura 5.7 – Circulação de água nos meios porosos, fraturados e cársicos

Areias e cascalheiras

INTERGRANULAR

Rochas ígneas

FRACTURAS E FISSURAS

Calcários

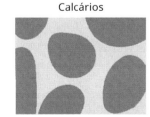

CAVIDADES DE DISSOLUÇÃO

Crédito: Guilherme Capriglioni

Fonte: LNEG, 2001.

Figura 5.8 – Utilidade da água para diversos fins

Fonte: Wikimedia..., 2014a, 2014b; Reportagem..., 2011; Vitória, 2010.

Em toda a história da evolução humana, o desenvolvimento econômico e social resultou nas mais variadas formas de uso dos recursos hídricos, tanto de superfície como subterrâneo.

Não somente o aumento populacional e a aceleração da economia ampliaram esses usos, mas o desenvolvimento cultural também incorpora outras necessidades, resultando em impactos diversificados e de maior amplitude. Em alguns países, é comum o uso da água para fins religiosos (Tundisi; Matsumura-Tundisi, 2008).

Muito se fala em *potencialidade dos recursos hídricos*, que pode ser conceituada como o recurso hídrico em seu estado natural, sem intervenção humana. Trata-se da vazão de um rio ou aquífero anualmente renovável, estimada por meio de uma média anual de longo período (ANA, 2011).

Para que a vazão potencial se torne ativa e disponível, é necessária a intervenção humana por meio da construção de açudes, poços ou qualquer outro tipo de captação. Algumas definições são úteis para entendermos melhor esse tema.

Potência fluvial é a vazão natural anual média de um rio ou aquífero, medida ou gerada em sua foz ou embocadura, ou em um ponto qualquer de seu curso controlado por postos ou estações hidrométricas (Souza, 2010).

As variações climáticas naturais, o número de habitantes de uma região, o tipo e a forma das atividades econômicas também influenciam na distribuição e na potencialidade dos recursos hídricos.

A disponibilidade hídrica constitui a parcela da potencialidade ativada pela ação do homem para o seu aproveitamento, mas o excesso pode causar o esgotamento do recurso. Como já sabemos, a água, apesar de renovável, é um recurso finito. Ao nos conscientizarmos do volume de água gasto em cada atividade, entendemos melhor o quanto é necessário cuidar dos recursos hídricos.

■ Estudo de caso

Já parou para pensar na quantidade de água gasta diariamente? Veja alguns dados da Companhia de Água e Saneamento do Paraná (Sanepar, 2014):

- Ducha de 5 minutos: 60 litros.
- Banho de imersão: 180 litros.
- Escovar os dentes com a torneira aberta: 10 a 30 litros.
- Descarga de autoclismo: 6 a 10 litros.
- Máquina de lavar louça: 25 a 60 litros.
- Máquina de lavar roupa: 60 a 90 litros.
- Uso agrícola = 69%.
- Uso industrial = 23%.
- Uso doméstico = 8%.
- Uma torneira pingando consome 45 litros de água por dia e, num mês, 1.380 litros.

5.5.1 Uso público

Por *uso público* entende-se o uso que atende às demandas para a utilização social (MMA; ANA; PNUMA, 2007). A água, por sua vez, é utilizada pelo Poder Público para a limpeza de logradouros, avenidas, ruas, museus e demais prédios públicos, irrigação de parques e jardins, prevenção de incêndios, recreação etc. Por isso, o uso público da água é subdividido em abastecimento público e geração de eletricidade.

- Abastecimento público – Utiliza a água retirada dos rios ou do subsolo, a qual, depois de tratada, abastece as residências, hospitais, escolas, indústrias e comércio em geral.
- Geração de eletricidade – Quando a água é utilizada para mover as turbinas que produzem energia hidrelétrica.

5.5.2 Uso doméstico da água

A qualidade da água destinada ao abastecimento público deve obedecer, de forma rígida, às normas de potabilidade da regulamentação nacional.

O uso da água para fins domésticos engloba uma infinidade de atividades, tais como: tomar banho, escovar os dentes, lavar o rosto, fazer a barba, dar descargas sanitárias, lavar louça, roupa, calçada etc.

Gráfico 5.10 – Medição da água

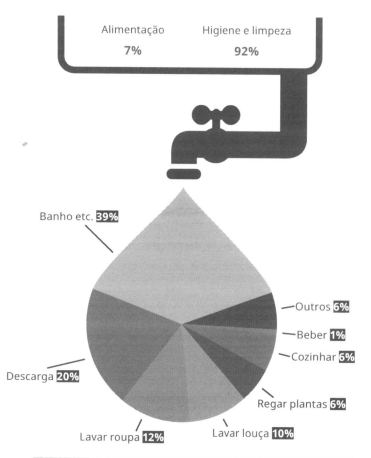

Fonte: Faria, 2013, p. 26.

Para o uso doméstico, é necessário um programa continuado de educação e de incentivo a fim de viabilizar e garantir um consumo consciente e racional, sem desperdícios. Para isso, várias medidas podem ser adotadas, como o reuso da água (chamada de *água cinza*), o uso da água da chuva, o emprego de hábitos que reduzam o consumo, como banhos mais rápidos e torneiras fechadas, além de evitar vazamentos.

5.5.3 Uso industrial

A água de uso industrial é utilizada para gerar energia, mover máquinas, resfriar peças, fabricar bebidas, alimentos, roupas, entre outros. Uma considerável parcela de água doce é direcionada para as indústrias. As diversas atividades e tecnologias tornam o uso do recurso hídrico bem diversificado.

A água também é usada como matéria-prima, como reagente e solvente, para a lavagem de gases e sólidos, como agente de resfriamento, transmissor de calor, fonte de energia e muitos outros.

O recurso hídrico faz parte da produção industrial e é usado em grande quantidade pela indústria de papel e celulose, siderúrgica, têxtil, química e petroquímica. Outras indústrias, como a de bebidas e a farmacêutica, também incorporam a água ao seu produto final.

Nem sempre é possível reutilizar a água de atividades industriais, pois, conforme a maneira como foi utilizada, há modificações consideráveis em sua propriedade, inviabilizando esse processo. A maior parte do volume de água potável que a indústria consome em seus mais diversos segmentos tem exigido novas opções e novas tecnologias, visando não só reduzir e controlar a demanda do setor, mas também diminuir os custos.

5.5.4 Uso rural

Configura-se *uso rural* quando a água é utilizada tanto para a irrigação de plantações como para a criação de animais de um modo geral. Da mesma forma que no uso público, também se subdivide em duas partes: uso da água na agricultura e uso da água na criação de animais.

5.5.4.1 Uso da água na agricultura

Em quase todas as regiões do mundo, exceto na Europa e na América do Norte, é na agricultura que se usa a maior quantidade de água.

Para entendermos melhor esse cenário, pensemos que uma pessoa adulta precisa de 4 litros de água por dia para beber, mas para produzir seu alimento diário são necessários de 2 a 5 mil litros.

O Gráfico 5.11 apresenta o uso da água nas diversas atividades.

Gráfico 5.11 – Uso de água por setores de atividade

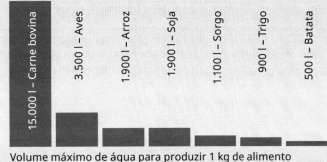

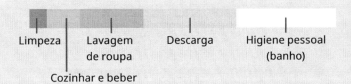

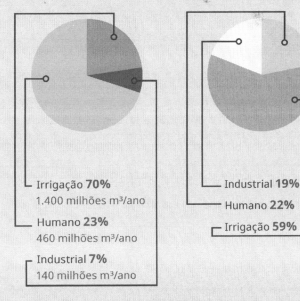

Fonte: Nova Escola, 2014.

Em dados mundiais, cerca de 70% dos recursos hídricos atualmente disponíveis são destinados à irrigação, contra apenas 20% para a indústria e menos de 10% para o abastecimento da população (higiene e consumo direto) (Agua, 2004).

Nos países desenvolvidos, o percentual de uso da água para irrigação é ainda maior, chegando próximo dos 80%. O gasto de água com a agricultura é bem superior aos demais usos em todas as regiões do planeta.

Os dados mostram a importância da agricultura no desafio para viabilizar que as reservas hídricas da Terra atendam às necessidades humanas sempre crescentes.

Isso porque, na agricultura, são necessários de 1.000 a 3.000 m³ por tonelada de grãos colhidos, isto é, 1 a 3 toneladas de água para cultivar 1 quilo de arroz.

Um bom manejo do solo pode reduzir significativamente a quantidade de água necessária para produzir uma tonelada de grãos, tanto em agricultura irrigada quanto com a água de chuva (Uso..., 2014).

5.5.4.2 Uso da água na criação de animais

O consumo de água para a criação animal está associado ao efetivo dos rebanhos existentes e corresponde não só ao consumo propriamente dito, mas inclui também toda a demanda de água associada ao seu manejo.

O cálculo da demanda, nesse tipo de atividade, só é considerado se a criação for semi-intensiva ou intensiva.

A importância da água pode ser facilmente verificada quando analisamos a quantidade utilizada em cada atividade do nosso cotidiano. O volume de água que gastamos pode ser reduzido sensivelmente se evitarmos o desperdício e o uso indevido.

■ Síntese

A água doce em nosso planeta, além de representar apenas 1% do total de todo recurso hídrico, é distribuída de forma desigual na superfície terrestre. Somado a isso, a disponibilidade de água potável é muito pequena: os rios e lagos juntos contêm pouco mais de 0,006% da água do planeta, quantidade da qual a menor parte se concentra nos lagos.

Em contrapartida, a maioria das cidades utiliza esse recurso para abastecimento, pois é mais acessível. De acordo com a Unesco e o MEC (2007), quase 1 bilhão de pessoas no mundo não têm acesso à água potável para beber e aproximadamente 25 mil pessoas morrem por causa disso. Estima-se que 4,6 milhões de crianças, de até 5 anos de idade, morrem por ano de diarreia ligada ao consumo de água não potável, que se agrava devido à fome e à miséria que atingem brutalmente a população (Black et al., 2010).

Sobre a distribuição da água, vimos que algumas regiões têm muita água doce, enquanto outras nada têm. No norte da África e no Oriente Médio, por exemplo, as regiões são áridas; no Kuwait praticamente não existem fontes de água doce, ao passo que na América do Sul existem as maiores porções de terras úmidas. Só no Brasil, a concentração de água doce é de 11,6%.

Ressalta-se também a má distribuição de água no país, pois as regiões menos habitadas possuem mais recursos hídricos. Dessa forma, mesmo com a grande disponibilidade hídrica, sua distribuição é desigual em relação à densidade populacional e às demandas *per capita*.

Os aquíferos ou lençóis subterrâneos podem ser livres ou confinados. Além disso, existem algumas propriedades físicas que estão associadas aos tipos de aquíferos, como a porosidade e a permeabilidade.

O homem usa a água para diversas finalidades: nos afazeres domésticos, nas atividades públicas, na navegação, na agropecuária, na recreação, no turismo, na mineração (lavagem e purificação de minérios), nos processos industriais e na produção de hidroeletricidade, atividade que no Brasil supre cerca de 85% das necessidades energéticas do país.

A importância da água pode ser facilmente verificada quando analisamos o grande volume usado em cada atividade do nosso cotidiano, que pode ser reduzido sensivelmente se evitarmos o desperdício e o uso indevido.

■ Questões para revisão

1. Quais são as formas de uso da água? Exemplifique cada tipo de utilidade.

2. O que é potência fluvial?

3. Com relação à distribuição e à disponibilidade das águas, é correto afirmar:
   a] A distribuição dos recursos hídricos é homogênea e igualitária em nosso planeta.
   b] A maior parte da água da Terra é doce.
   c] A maior parte da água na Terra é salgada.
   d] A quantidade de água do planeta é calculada de forma exata.
   e] O percentual de terra emersa é duas vezes maior que a área de terras submersas.

4. Acerca da disponibilidade e da distribuição de água no Brasil, é correto afirmar:
   a] Ocorrem de forma igual em relação à densidade populacional e às demandas *per capita*.
   b] Ocorrem de forma desigual em relação à densidade populacional e às demandas *per capita*.
   c] Ocorrem de forma distributiva igualitária.
   d] Estão disponíveis na quantidade necessária para todos os habitantes.
   e] Nenhuma das alternativas anteriores está correta.

5. Em qual atividade ocorre o maior consumo de água?
   a] Agrícola.
   b] Comercial.
   c] Doméstica.
   d] Humana.
   e] Pública.

QUESTÕES PARA REFLEXÃO

1. Na sua região, de onde vem o abastecimento da água? As fontes são superficiais ou subterrâneas? E qual a disponibilidade?

2. Como deve ser realizado o planejamento de captação de águas das fontes superficiais e subterrâneas?

Para saber mais

1. 70% da superfície da Terra está coberta de água. No entanto só 2% é água doce, e a maioria desta (87%) está congelada.

2. Em um período de 100 anos, uma molécula de água passa 98 anos no oceano, 20 meses em forma de gelo, 2 semanas em lagos e rios e menos de uma semana na atmosfera.

3. As gotas de chuva não têm forma de lágrima. Usando câmeras de alta velocidade os cientistas comprovaram que têm forma esferoide.

4. A água supõe 70% do peso de um humano adulto. Precisamos ingerir cerca de dois litros de água ao dia.

5. Uma pessoa pode sobreviver um mês sem se alimentar, mas só sete dias sem beber água.

6. A maioria da água que consumimos diariamente procede dos alimentos, por exemplo, 95% de um tomate é água. Outros alimentos com alto conteúdo de água são as maçãs (85%), o espinafre (91%) e as batatas (80%).

7. São necessários 450 litros de água para produzir um ovo de galinha, 7 mil litros para refinar um barril de petróleo e 148 mil litros para fabricar um automóvel.

8. Na Universidade de Tóquio foi desenvolvido um material chamado *água elástica* a partir de uma mistura de 2 g de argila, matéria orgânica e água natural. É ideal para fabricar medicamentos e consertar tecidos.

9. A urticária aquagênica é uma forma muito rara de reação alérgica à água. Há no máximo 30 casos conhecidos na literatura médica e acredita-se que ocorre devido à presença na pele de um antígeno – substância que ativa o sistema imunológico – hidrossolúvel. Em contato com a água, o antígeno dissolve-se, atravessa a pele e faz com que as células de defesa liberem histamina, que provoca o aparecimento de manchas, coceira e outros sintomas alérgicos.

10. Os glaciares são gerados pelo acúmulo de neve compacta na zona continental, de modo que a água dos *icebergs* não é salgada, ainda que esses gigantescos pedaços de gelo flutuem no mar. Trata-se de água pura e fresca que é comercializada engarrafada como água mineral e em forma de gelo para tomar com vodca. Só podemos ver um sétimo de seu tamanho, já que o resto permanece oculto debaixo da água.

Para saber mais acerca do uso racional da água no comércio, acesse:

FECOMERCIO – Federação do Comércio do Estado de São Paulo. O uso racional da água no comércio. 2009. Disponível em: <http://planetasustentavel.abril.com.br/download/cartilha_uso_racional_da_agua_no_comercio.pdf>. Acesso em: 21 ago. 2014.

Capítulo

6

Qualidade e legislação das águas

Conteúdos do capítulo

- Padrões de qualidade da água.
- Classificação das águas.
- Legislação das águas: um breve histórico.
- A Agência Nacional de Águas (ANA).

Após o estudo deste capítulo, você será capaz de:

1. considerar os padrões de qualidade da água;
2. entender como se dá a classificação das águas;
3. conhecer as principais leis referentes às águas;
4. analisar a origem, a função e a importância da ANA.

6.1 Padrões de qualidade da água

A importância da qualidade da água está bem conceituada na Política Nacional de Recursos Hídricos, que define, entre seus objetivos, que devemos "assegurar à atual e às futuras gerações a necessária disponibilidade de água, em padrões de qualidade adequados aos respectivos usos" (Brasil, 1997, Art. 20, Cap. II, Tit. I).

A Política Nacional de Recursos Hídricos também determina, como uma das diretrizes de ação do Sistema Nacional de Gerenciamento de Recursos Hídricos, "a gestão sistemática dos recursos hídricos, sem dissociação dos aspectos de quantidade e qualidade e a integração da gestão dos recursos hídricos com a gestão ambiental" – Lei n. 9.433, de 8 de janeiro de 1997, art. 3º, Capítulo III, Título I (Brasil, 1997).

Apesar de sua importância, a gestão da qualidade da água no país não tem recebido historicamente o mesmo destaque dado à gestão da quantidade de água, quer no aspecto legal, quer nos arranjos institucionais em funcionamento no setor, quer no planejamento e na operacionalização dos sistemas de gestão (Porto, 2000).

A qualidade das águas é representada por um conjunto de características, geralmente mensuráveis, de natureza química, física e biológica. Como é um recurso comum a todos, para a proteção dos corpos d'água foi necessário instituir restrições legais de uso. Desse modo, as características físicas e químicas da água devem ser mantidas dentro de certos limites, os quais são representados por padrões, valores orientadores da qualidade de água, dos sedimentos e da biota – Resoluções Conama n. 357, de 17 de março de 2005 (Brasil, 2005d); n. 274, de 29 de novembro de 2000 (Brasil, 2001); n. 344, de 25 de março de 2004 (Brasil, 2005b); e Portaria n. 518, de 25 de março de 2004, do Ministério da Saúde (Brasil, 2004). Veja a Tabela 6.1.

Tabela 6.1 – Padrões de qualidade de água

Parâmetros	Valor máximo aceitável
Nitrato	10 mg/L
Nitrito	1 mg/L
Nitrogênio amoniacal	3,7 mg/L pH $\leq$ 7,5 2,0 mg/L 7,5 <pH $\leq$ 8,0 1,0 mg/L 8 < pH < 8,5 0,5 mg/L pH > 8,5
Fósforos totais	0,03 mg/L
OD	> 5 mg/L de OD
pH	6,0 a 9,0
DQO	90 (Boyd; Trucker, 1998)

Fonte: Elaborada com base em Brasil, 2005c, p. 8.

Os ecossistemas aquáticos incorporam, ao longo do tempo, substâncias provenientes de causas naturais, sem nenhuma contribuição humana, em concentrações raramente elevadas, que, no entanto, podem afetar o comportamento químico da água e seus usos mais relevantes. Entretanto, outras substâncias lançadas nos corpos d'água pela ação antrópica, em decorrência da ocupação e do uso do solo, resultam em sérios problemas de qualidade desse recurso e demandam investigações e investimentos para sua recuperação.

Os aspectos mais graves dos poluentes referem-se às substâncias potencialmente tóxicas, oriundas de processos industriais. Em contrapartida, atualmente observa-se ainda a presença, em ambientes eutrofizados, ricos em matéria orgânica, de microalgas capazes de produzir toxinas com características neurotóxicas e hepatotóxicas.

6.2 Classificação das águas

A primeira classificação das águas no Brasil foi estabelecida pela Portaria GM n. 0013, de 15 de janeiro de 1976, do Ministério do Interior (Brasil, 1976), por meio da qual foram definidas quatro classes para as águas interiores do país. Para cada classe, além da especificação dos usos, a Portaria fixou os teores máximos de impurezas e as condições a serem atendidas (Mota, 1995).

Mais recentemente, o Conama, por meio da Resolução n. 20, de 18 de junho de 1986 (Brasil, 1986), estabeleceu a nova classificação das águas doces, salobras e salinas do território nacional mediante a definição de nove classes segundo seus usos preponderantes. Essa Resolução considera *águas doces* as águas com salinidade igual ou inferior a 0,5%, águas salobras aquelas com salinidade variando entre 0,5% e 30%, e águas salinas, as com salinidade igual ou superior a 30% (Tabela 6.1).

6.2.1 Águas doces

As preocupações com o ambiente e com a água em particular têm adquirido especial importância, pois as demandas estão se tornando cada vez maiores, sob o impacto do crescimento acelerado da população e do maior uso da água imposto pelos padrões de conforto e bem-estar da vida moderna. Entretanto, a qualidade das águas, dos ecossistemas e da vida em geral tem sido degradada de uma maneira alarmante, e esse processo pode logo ser irreversível, sobretudo nas áreas mais densamente povoadas dos países emergentes, como o Brasil (Rebouças; Braga; Tundisi, 1999).

6.2.1.1 Classe especial

A classe especial de águas doces é destinada:

- ao abastecimento doméstico sem prévia ou com simples desinfecção;
- à preservação do equilíbrio natural das comunidades aquáticas.

Para as águas de classe especial foram estabelecidos certos limites e/ou condições. Para a presença de coliformes, estabeleceu-se que, no caso de uso de abastecimento sem prévia desinfecção, os coliformes totais deverão estar ausentes em qualquer amostra.

Nas águas doces de classe especial, não serão tolerados lançamentos de águas residuárias, domésticas e industriais, lixo e outros resíduos sólidos, substâncias potencialmente tóxicas, defensivos agrícolas, fertilizantes químicos e outros poluentes, mesmo tratados.

6.2.1.2 Classe 1

A classe 1 de águas doces é destinada:

- ao abastecimento doméstico após tratamento simplificado;
- à proteção das comunidades aquáticas;
- à recreação de contato primário (natação, esqui aquático e mergulho);

- à irrigação de hortaliças que são consumidas cruas e de frutas que se desenvolvam rentes ao solo e são ingeridas cruas sem remoção de película;
- à criação natural e/ou intensiva (aquicultura) de espécies destinadas à alimentação humana.

Para as águas de classe 1, são estabelecidos alguns limites e/ou condições:

- materiais flutuantes, inclusive espumas não naturais: virtualmente ausentes;
- óleos e graxas: virtualmente ausentes;
- substâncias que comuniquem gosto ou odor: virtualmente ausentes;
- corantes artificiais: virtualmente ausentes;
- substâncias que formem depósitos objetáveis: virtualmente ausentes;
- coliformes: para o uso de recreação de contato primário, deverá ser obedecido o art. 26 da Resolução Conama n. 20/1986 (Brasil, 1986). As águas utilizadas para a irrigação de hortaliças ou plantas frutíferas que se desenvolvam rentes ao solo e são consumidas cruas, sem remoção de casca ou película, não devem ser poluídas por excrementos humanos, ressaltando-se a necessidade de inspeções sanitárias periódicas. Para os demais usos, não deverá ser excedido um limite de 200 coliformes fecais por 100 mililitros em 80% ou mais de pelo menos cinco amostras mensais colhidas em qualquer mês. Caso não haja na região meios disponíveis para o exame de coliformes fecais, o índice limite será de 1.000 coliformes totais

(continuação)

por 100 mililitros em 80% ou mais de, pelo menos, 5 amostras mensais colhidas em qualquer mês;

- demanda biológica de oxigênio a 20 °C durante 5 dias (DBO 5,20) até 3 mg/l O_2;
- oxigênio dissolvido (OD), em qualquer amostra, não inferior a 6 mg/l O_2;
- turbidez: até 40 unidades nefelométricas de turbidez (UNT);
- cor: nível de cor natural do corpo de água em mg Pt/l;
- pH: 6,0 a 9,0;
- substâncias potencialmente prejudiciais (teores máximos):

Alumínio	0,1 mg/l Al
Amônia não ionizável	0,02 mg/l NH_3
Arsênio	0,05 mg/l As
Bário	1,0 mg/l Ba
Berílio	0,1 mg/l Be
Boro	0,75 mg/l B
Benzeno	0,01 mg/l
Benzo(a)pireno	0,00001 mg/l
Cádmio	0,001 mg/l Cd
Cianetos	0,01 mg/l CN
Chumbo	0,03 mg/l Pb
Cloretos	250 mg/l Cl
Cloro residual	0,01 mg/l Cl
Cobalto	0,2 mg/l Co
Cobre	0,02 mg/l Cu
Cromo trivalente	0,5 mg/l Cr
Cromo hexavalente	0,05 mg/l Cr
1,1 dicloroeteno	0,0003 mg/l
1,2 dicloroetano	0,01 mg/l
Estanho	2,0 mg/l Sn
Índice de fenóis	0,001 mg/l C_6H_5OH
Ferro solúvel	0,3 mg/l Fe
Fluoretos	1,4 mg/l F

(continua)

Fosfato total	0,025 mg/l P
Lítio	2,5 mg/l Li
Manganês	0,1 mg/l Mn
Mercúrio	0,0002 mg/l Hg
Níquel	0,025 mg/l Ni
Nitrato	10 mg/l N
Nitrito	1,0 mg/l N
Prata	0,01 mg/l Ag
Pentaclorofenol	0,01 mg/l
Selênio	0,01 mg/l Se
Sólidos dissolvidos totais	500 mg/l
Substâncias tensoativas que reagem com o azul de metileno	0,5 mg/l LAS
Sulfatos	250 mg/l SO_4
Sulfetos (como H_2S não dissociado)	0,002 mg/l S
Tetracloroeteno	0,01 mg/l
Tricloroeteno	0,03 mg/l
Tetracloreto de carbono	0,003 mg/l
2,4,6 triclorofenol	0,01 mg/l
Urânio total	0,02 mg/l U
Vanádio	0,1 mg/l V
Zinco	0,18 mg/l Zn
Aldrin	0,01 µg/l
Clordano	0,04 µg/l
DDT	0,002 µg/l
Dieldrin	0,005 µg/l
Endrin	0,004 µg/l
Endosulfan	0,056 µg/l
Epóxido de heptacloro	0,01 µg/l
Heptacloro	0,01 µg/l
Lindano (gama-BHC)	0,02 µg/l
Metoxicloro	0,03 µg/l
Dodecacloro + nonacloro	0,001 µg/l

(conclusão)

Bifenilas policloradas (PCB's)	0,001 µg/l
Toxafeno	0,01 µg/l
Demeton	0,1 µg/l
Gution	0,005 µg/l
Malation	0,1 µg/l
Paration	0,04 µg/l
Carbaril	0,02 µg/l
Compostos organofosforados e carbamatos totais	10,0 µg/l em Paration
2,4 – D	4,0 µg/l
2,4,5 – TP	10,0 µg/l
2,4,5 – T	2,0 µg/l

Fonte: Brasil, 1986.

6.2.1.3 Classe 2

A classe 2 de águas doces é destinada:

- ao abastecimento doméstico, após tratamento convencional;
- à proteção das comunidades aquáticas;
- à recreação de contato primário (esqui aquático, natação e mergulho);
- à irrigação de hortaliças e plantas frutíferas;
- à criação natural e/ou intensiva (aquicultura) de espécies destinadas à alimentação humana.

Para as águas de classe 2 são estabelecidos os mesmos limites ou condições da classe 1, à exceção dos seguintes:

- não será permitida a presença de corantes artificiais que não sejam removíveis por processo de coagulação, sedimentação e filtração convencionais;
- coliformes: para uso de recreação de contato primário, deverá ser obedecido o art. 26 da Resolução Conama

n. 20/1986 (Brasil, 1986). Para os demais usos, não deverá ser excedido um limite de 1.000 coliformes fecais por 100 mililitros em 80% ou mais de, pelo menos, 5 amostras mensais colhidas em qualquer mês. Caso não haja na região meios disponíveis para o exame de coliformes fecais, o índice limite será de até 5.000 coliformes totais por 100 mililitros em 80% ou mais de, pelo menos, 5 amostras mensais colhidas em qualquer mês;

- cor: até 75 mg Pt/l;
- turbidez: até 100 UNT;
- DBO 5,20 até 5 mg/l O_2;
- OD, em qualquer amostra, não inferior a 5 mg/l O_2.

6.2.1.4 Classe 3

A classe 3 de águas doces é destinada:

- ao abastecimento doméstico, após tratamento convencional;
- à irrigação de culturas arbóreas, cerealíferas e forrageiras;
- à dessedentação de animais.

Para as águas de classe 3, são estabelecidos os seguintes limites ou condições:

- materiais flutuantes, inclusive espumas não naturais: virtualmente ausentes;
- óleos e graxas: virtualmente ausentes;
- substâncias que comuniquem gosto ou odor: virtualmente ausentes;
- não será permitida a presença de corantes artificiais que não sejam removíveis por processo de coagulação, sedimentação e filtração convencionais;
- substâncias que formem depósitos objetáveis: virtualmente ausentes;

(continuação)

- número de coliformes fecais: até 4.000 por 100 mililitros em 80% ou mais de, pelo menos, 5 amostras mensais colhidas em qualquer mês. Caso não haja na região meios disponíveis para o exame de coliformes fecais, o índice limite será de até 20.000 coliformes totais por 100 mililitros em 80% ou mais de, pelo menos, 5 amostras mensais colhidas em qualquer mês;
- DBO 5,20 até 10 mg/l O_2;
- OD, em qualquer amostra, não inferior a 4 mg/l O_2;
- turbidez: até 100 UNT;
- cor: até 75 mg Pt/l;
- pH: 6,0 a 9,0;
- substâncias potencialmente prejudiciais (teores máximos):

Alumínio	0,1 mg/l Al
Arsênio	0,05 mg/l As
Bário	1,0 mg/l Ba
Berílio	0,1 mg/l Be
Boro	0,75 mg/l B
Benzeno	0,01 mg/l
Benzo(a)pireno	0,00001 mg/l
Cádmio	0,01 mg/l Cd
Cianetos	0,2 mg/l CN
Chumbo	0,05 mg/l Pb
Cloretos	250 mg/l Cl
Cobalto	0,2 mg/l Co
Cobre	0,5 mg/l Cu
Cromo trivalente	0,5 mg/l Cr
Cromo hexavalente	0,05 mg/l Cr
1,1 dicloroeteno	0,0003 mg/l
1,2 dicloroetano	0,01 mg/l
Estanho	2,0 mg/l Sn
Índice de fenóis	0,3 mg/l C_6H_5OH

(continua)

(continuação)

Ferro solúvel	5,0 mg/l Fe
Fluoretos	1,4 mg/l F
Fosfato total	0,025 mg/l P
Lítio	2,5 mg/l Li
Manganês	0,5 mg/l Mn
Mercúrio	0,002 mg/l Hg
Níquel	0,025 mg/l Ni
Nitrato	10 mg/l N
Nitrito	1,0 mg/l N
Nitrogênio amoniacal	1,0 mg/l N
Prata	0,05 mg/l Ag
Pentaclorofenol	0,01 mg/l
Selênio	0,01 mg/l Se
Sólidos dissolvidos totais	500 mg/l
Substâncias tensoativas que reagem com o azul de metileno	0,5 mg/l LAS
Sulfatos	250 mg/l SO_4
Sulfetos (como H_2S não dissociado)	0,3 mg/l S
Tetracloroeteno	0,01 mg/l
Tricloroeteno	0,03 mg/l
Tetracloreto de carbono	0,003 mg/l
2,4,6 triclorofenol	0,01 mg/l
Urânio total	0,02 mg/l U
Vanádio	0,1 mg/l V
Zinco	5,0 mg/l Zn
Aldrin	0,03 µg/l
Clordano	0,3 µg/l
DDT	1,0 µg/l
Dieldrin	0,03 µg/l
Endrin	0,2 µg/l
Endosulfan	150 µg/l
Epóxido de heptacloro	0,1 µg/l
Heptacloro	0,1 µg/l
Lindano (gama-BHC):	3,0 µg/l

(conclusão)

Metoxicloro	30,0 µg/l
Dodecacloro + Nonacloro	0,001 µg/l
Bifenilas policloradas (PCB's)	0,001 µg/l
Toxafeno	5,0 µg/l
Demeton	14,0 µg/l
Gution	0,005 µg/l
Malation	100,0 µg/l
Paration	35,0 µg/l
Carbaril	70,0 µg/l
Compostos organofosforados e carbamatos totais	100,0 µg/l em Paration
2,4 – D	20,0 µg/l
2,4,5 – TP	10,0 µg/l
2,4,5 – T	2,0 µg/l

Fonte: Brasil, 1986.

6.2.1.5 Classe 4

A classe 4 de águas doces é destinada:

- à navegação;
- à harmonia paisagística;
- a usos menos exigentes.

Para as águas de classe 4, são estabelecidos os seguintes limites ou condições:

- materiais flutuantes, inclusive espumas não naturais: virtualmente ausentes;
- odor e aspecto: não objetáveis;
- óleos e graxas: toleram-se iridescências;
- substâncias facilmente sedimentáveis que contribuam para o assoreamento de canais de navegação: virtualmente ausentes;
- índice de fenóis: até 1,0 mg/l C6 H_5 OH;
- OD, superior a 2,0 mg/l O_2, em qualquer amostra;
- pH: 6,0 a 9,0.

6.2.2 Águas salinas

O exemplo mais significativo de águas salinas são as águas oceânicas, que apresentam níveis de cerca de 35g.L^{-1} de espécies de sais dissolvidas, dentre as quais as predominantes são formadas por íons de sódio e cloreto. Contudo, todas as águas naturais, em maior ou em menor grau, contêm íons de cloreto e sódio. Altas concentrações de cloretos impedem o uso da água para a agricultura e exigem tratamento adequado para usos industriais, bem como causam danos a estruturas metálicas (corrosão, por exemplo). Vejamos a seguir detalhes das concentrações e da utilização das águas salinas.

6.2.2.1 Classe 5

A classe 5 de águas salinas é destinada:

- à recreação de contato primário;
- à proteção das comunidades aquáticas;
- à criação natural e/ou intensiva (aquicultura) de espécies destinadas à alimentação humana.

Para as águas de classe 5, são estabelecidos os seguintes limites ou condições:

- materiais flutuantes: virtualmente ausentes;
- óleos e graxas: virtualmente ausentes;
- substâncias que produzem odor e turbidez: virtualmente ausentes;
- corantes artificiais: virtualmente ausentes;
- substâncias que formem depósitos objetáveis: virtualmente ausentes;
- coliformes: para o uso de recreação de contato primário, deverá ser obedecido o art. 26 da Resolução Conama n. 20/1986 (Brasil, 1986). Para o uso de criação natural e/ou intensiva

de espécies destinadas à alimentação humana e que serão ingeridas cruas, não deverá ser excedida uma concentração média de 14 coliformes fecais por 100 mililitros, com não mais de 10% das amostras excedendo 43 coliformes fecais por 100 mililitros. Para os demais usos, não deverá ser excedido um limite de 1.000 coliformes fecais por 100 mililitros em 80% ou mais de, pelo menos, 5 amostras mensais colhidas em qualquer mês. Caso não haja na região meios disponíveis para o exame de coliformes fecais, o índice limite será de 5.000 coliformes totais por 100 mililitros em 80% ou mais de, pelo menos, 5 amostras mensais colhidas em qualquer mês;

- ◉ DBO 5,20 até 5 mg/l O_2;
- ◉ OD, em qualquer amostra, não inferior a 6 mg/l O_2;
- ◉ pH: 6,5 a 8,5, não devendo haver uma mudança do pH natural maior do que 0,2 unidade;
- ◉ substâncias potencialmente prejudiciais (teores máximos):

Alumínio	1,5 mg/l Al
Amônia não ionizável	0,4 mg/l NH_3
Arsênio	0,05 mg/l As
Bário	1,0 mg/l Ba
Berílio	1,5 mg/l Be
Boro	5,0 mg/l B
Cádmio	0,005 mg/l Cd
Chumbo	0,01 mg/l Pb
Cianetos	0,005 mg/l CN
Cloro residual	0,01 mg/l Cl
Cobre	0,05 mg/l Cu
Cromo hexavalente	0,05 mg/l Cr
Estanho	2,0 mg/l Sn
Índice de fenóis	0,001 mg/l C_6H_5OH

(continua)

(conclusão)

Ferro	0,3 mg/l Fe
Fluoretos	1,4 mg/l F
Manganês	0,1 mg/l Mn
Mercúrio	0,0001 mg/l Hg
Níquel	0,1 mg/l Ni
Nitrato	10,0 mg/l N
Nitrito	1,0 mg/l N
Prata	0,005 mg/l Ag
Selênio	0,01 mg/l Se
Substâncias tensoativas que reagem com o azul de metileno	0,5 mg/l LAS
Sulfetos como H_2S	0,002 mg/l S
Tálio	0,1 mg/l Tl
Urânio total	0,5 mg/l U
Zinco	0,17 mg/l Zn
Aldrin	0,003 µg/l
Clordano	0,004 µg/l
DDT	0,001 µg/l
Demeton	0,1 µg/l
Dieldrin	0,003 µg/l
Endosulfan	0,034 µg/l
Endrin	0,004 µg/l
Epóxido de heptacloro	0,001 µg/l
Heptacloro	0,001 µg/l
Metoxicloro	0,03 µg/l
Lindano (gama–BHC):	0,004 µg/l
Dodecacloro + Nonacloro	0,001 µg/l
Gution	0,01 µg/l
Malation	0,1 µg/l
Paration	0,04 µg/l
Toxafeno	0,005 µg/l
Compostos organofosforados e carbamatos totais	10,0 µg/l em Paration
2,4 – D	10,0 µg/l
2,4,5 – TP	10,0 µg/l
2,4,5 – T	10,0 µg/l

Fonte: Brasil, 1986.

6.2.2.2 Classe 6

A classe 6 de águas salinas é destinada:

- à navegação comercial;
- à harmonia paisagística;
- à recreação de contato secundário.

Para as águas de classe 6, são estabelecidos os seguintes limites ou condições:

- materiais flutuantes: virtualmente ausentes;
- óleos e graxas: toleram-se iridescências;
- substâncias que produzem odor e turbidez: virtualmente ausentes;
- corantes artificiais: virtualmente ausentes;
- substâncias que formem depósitos objetáveis: virtualmente ausentes;
- coliformes: não deverá ser excedido um limite de 4 mil coliformes fecais por 100 ml em 80% ou mais de, pelo menos, 5 amostras mensais colhidas em qualquer mês. Caso não haja na região meio disponível para o exame de coliformes fecais, o índice limite será de 20 mil coliformes totais por 100 mililitros em 80% ou mais de, pelo menos, 5 amostras mensais colhidas em qualquer mês;
- DBO 5,20 até 10 mg/l O_2;
- OD, em qualquer amostra, não inferior a 4 mg/l O_2;
- pH: 6,5, a 8,5, não devendo haver uma mudança do pH natural maior do que 0,2 unidade.

6.2.3 Águas salobras

A Resolução Conama n. 357, de 17 de março de 2005 (Brasil, 2005c) define *águas salobras* como aquelas que apresentam salinidade superior a 0,5% e inferior a 30%. A seguir, são propostas a destinação e a concentração de sais dessas águas.

6.2.3.1 Classe 7

A classe 7 de águas salobras é destinada:

- à recreação de contato primário;
- à proteção das comunidades aquáticas;
- à criação natural e/ou intensiva (aquicultura) de espécies destinadas à alimentação humana.

Para as águas de classe 7, são estabelecidos os limites ou condições seguintes:

- DBO 5,20 até 5 mg/l O_2;
- OD, em qualquer amostra, não inferior a 5 mg/l O_2;
- pH: 6,5 a 8,5;
- óleos e graxas: virtualmente ausentes;
- materiais flutuantes: virtualmente ausentes;
- substâncias que produzem cor, odor e turbidez: virtualmente ausentes;
- substâncias que formem depósitos objetáveis: virtualmente ausentes;
- coliformes: para uso de recreação de contato primário, deverá ser obedecido o art. 26 da Resolução Conama n. 20/1986 (Brasil, 1986). Para o uso de criação natural e/ou intensiva de espécies destinadas à alimentação humana e que serão ingeridas cruas, não deverá ser excedida uma concentração média de 14 coliformes fecais por 100 mililitros com não mais de 10% das amostras excedendo 43

coliformes fecais por 100 mililitros. Para os demais usos, não deverá ser excedido um limite de 1.000 coliformes fecais por 100 mililitros em 80% ou mais de, pelo menos, 5 amostras mensais, colhidas em qualquer mês. Caso não haja na região meios disponíveis para o exame de coliformes fecais, o índice limite será de até 5 mil coliformes totais por 100 mililitros em 80% ou mais de, pelo menos, 5 amostras mensais, colhidas em qualquer mês;

- ◉ substâncias potencialmente prejudiciais (teores máximos):

Amônia	0,4 mg/l NH₃
Arsênio	0,05 mg/l As
Cádmio	0,005 mg/l Cd
Cianetos	0,005 mg/l CN
Chumbo	0,01 mg/l Pb
Cobre	0,05 mg/l Cu
Cromo hexavalente	0,05 mg/l Cr
Índice de fenóis	0,001 mg/l C₆H5OH
Fluoretos	1,4 mg/l F
Mercúrio	0,0001 mg/l Hg
Níquel	0,1 mg/l Ni
Sulfetos como H₂S	0,002 mg/l S
Zinco	0,17 mg/l Zn
Aldrin	0,003 µg/l
Clordano	0,004 µg/l
DDT	0,001 µg/l
Demeton	0,1 µg/l
Dieldrin	0,003 µg/l
Endrin	0,004 µg/l
Endosulfan	0,034 µg/l
Epóxido de heptacloro	0,001 µg/l
Gution	0,01 µg/l
Heptacloro	0,001 µg/l

Lindano (gama-BHC):	0,004 µg/l
Malation	0,1 µg/l
Metoxicloro	0,03 µg/l
Dodecacloro + nonacloro	0,001 µg/l
Paration	0,04 µg/l
Toxafeno	0,005 µg/l
Compostos organofosforados e carbamatos totais	10,0 µg/l em Paration
2,4 – D	10,0 µg/l
2,4,5 – TP	10,0 µg/l
2,4,5 – T	10,0 µg/l

Fonte: Brasil, 1986.

6.2.3.2 Classe 8

A classe 8 de águas salobras é destinada:

- ◉ à navegação comercial;
- ◉ à harmonia paisagística;
- ◉ à recreação de contato secundário.

Para as águas de classe 8, são estabelecidos os seguintes limites ou condições:

- ◉ pH: 5 a 9;
- ◉ OD, em qualquer amostra, não inferior a 3,0 mg/l O2;
- ◉ óleos e graxas: toleram-se iridescências;
- ◉ materiais flutuantes: virtualmente ausentes;
- ◉ substâncias que produzem cor, odor e turbidez: virtualmente ausentes;
- ◉ substâncias facilmente sedimentáveis que contribuam para o assoreamento de canais de navegação: virtualmente ausentes;
- ◉ coliformes: não deverá ser excedido um limite de 4 mil coliformes fecais por 100 ml em 80% ou mais de, pelo menos, 5 amostras mensais colhidas

em qualquer mês. Caso não haja na região meios disponíveis para o exame de coliformes fecais, o índice será de 20 mil coliformes totais por 100 mililitros em 80% ou mais de, pelo menos, 5 amostras mensais colhidas em qualquer mês.

Tabela 6.2 – Classes e usos de água de acordo com a Resolução Conama n. 20/1986

Classes	Usos
Água doce	
Especial	Abastecimento doméstico sem prévia ou com simples desinfecção; preservação do equilíbrio natural das comunidades aquáticas.
1	Abastecimento doméstico após tratamento simplificado; proteção das comunidades aquáticas; recreação de contato primário; irrigação de hortaliças que são consumidas cruas e de frutas que se desenvolvam rentes ao solo e que sejam ingeridas cruas, sem remoção de película; criação natural e/ou intensiva (aquicultura) de espécies destinadas à alimentação humana.
2	Abastecimento doméstico após tratamento convencional; proteção das comunidades aquáticas; recreação de contato primário; irrigação de hortaliças e plantas frutíferas; criação natural e/ou intensiva (aquicultura) de espécies destinadas à alimentação humana.
3	Abastecimento doméstico após tratamento convencional; irrigação de culturas arbóreas, cerealíferas e forrageiras; dessedentação de animais.
4	Navegação; harmonia paisagística; usos menos exigentes.
Água salina	
5	Recreação de contato primário; proteção das comunidades aquáticas; criação natural e/ou intensiva (aquicultura) de espécies destinadas à alimentação humana.
6	Navegação comercial; harmonia paisagística; recreação de contato secundário.
Água salobra	
7	Recreação de contato primário; proteção das comunidades aquáticas; criação natural e/ou intensiva (aquicultura) de espécies destinadas à alimentação humana.
8	Navegação comercial; harmonia paisagística; recreação de contato secundário.

Fonte: Brasil, 1986.

O enquadramento dos corpos d'água em classes, segundo os usos preponderantes, é um dos instrumentos das Políticas Nacional e Estadual de Recursos Hídricos, visando estabelecer metas de qualidade para os corpos d'água, a fim de assegurar os usos preponderantes estabelecidos. Esse instrumento relaciona-se com as metas de qualidade de água pretendidas para um corpo hídrico (o rio que queremos), e não necessariamente com as condições atuais deste (o rio que temos).

Para atingir a qualidade futura – ou seja, o rio que queremos –, devem ser propostas medidas de mitigação dos impactos instalados, a fim de obter uma qualidade de água compatível com os usos estabelecidos e pretendidos em uma região. Identificar as condições atuais da qualidade da água e dos usos preponderantes da bacia ajuda a definir metas, isto é, estabelecer o caminho que se deve trilhar até atingir a qualidade de água desejável.

A metodologia utilizada segue de acordo com a Resolução do Conselho Nacional de Recursos Hídricos (CNRH) n. 91, de 5 de novembro de 2008 (Brasil, 2009b), que institui as diretrizes básicas para os procedimentos metodológicos de enquadramento dos corpos hídricos. Segundo essa Resolução, os procedimentos de enquadramento devem compreender as etapas diagnóstico e prognóstico, as propostas de metas relativas às alternativas de enquadramento e o programa para efetivação.

De acordo com a Resolução Conama 357/2005 (Brasil, 2005c), o enquadramento deve ser feito de forma participativa e descentralizada, de acordo, portanto, com as expectativas e necessidades dos usuários.

A aprovação da proposta de enquadramento é de responsabilidade do respectivo comitê de bacia hidrográfica e a sua implantação deve ser efetuada no âmbito da bacia. Essa resolução ainda classifica as águas doces em cinco classes. Dessa forma, com base no mapeamento do uso preponderante, define-se a classe condizente com o uso atual ou pretendido dos corpos d'água.

Com o enquadramento dos corpos de água, é possível compatibilizar os usos múltiplos dos recursos hídricos superficiais de acordo com a qualidade ambiental pretendida e com o desenvolvimento econômico, auxiliando no planejamento ambiental de bacias hidrográficas e no uso sustentável dos recursos naturais. Além disso, ele fornece subsídios aos outros instrumentos da gestão de recursos hídricos, tais como a outorga e a cobrança pelo uso da água, de maneira que, quando implementados, tornam-se complementares, proporcionando às entidades gestoras de recursos hídricos mecanismos para assegurar a disponibilidade quantitativa e qualitativa das águas.

6.3 Legislação das águas: um breve histórico

Iniciaremos este tópico com um breve histórico sobre a Política Nacional de Recursos Hídricos e seu processo de constituição.

Na década de 1960 – 15 anos após a Segunda Guerra Mundial –, os países da Europa começaram a perceber que as opções de desenvolvimento, industrialização e recuperação da economia pós-guerra estavam aumentando a poluição, o que os fez criar mecanismos de combate e controle. Em outras palavras, na década de 1960, os primeiros cuidados com água começaram a tomar corpo. Assim, a primeira necessidade de implantar a lei das águas ocorreu, provavelmente, na França, decorrente da necessidade de recuperar o estado precário do Rio Sena (ANA; Pnuma, 2011).

Aqui no Brasil, nosso desenvolvimento foi mais lento e, portanto, só começamos a nos preocupar com as condições da água no final da década de 1970. Vamos recordar um pouco da história da legislação brasileira.

No Brasil, antes do Código de Águas – Decreto n. 24.643, de 10 de julho de 1934 (Brasil, 1934) –, a matéria era disciplinada pelo Código Civil de 1916. Com a edição desse decreto, passamos a contar com mais um regramento legal acerca do tema. As regras contidas no Código Civil de 1916 consideravam o uso das águas como um bem essencialmente privado e de valor econômico limitado.

O Código de Águas trouxe uma série de conceitos jurídicos que adquiriram importância ao determinar que deve ser considerado o regime dominial, com base no conceito de que os recursos naturais do subsolo constituem um conjunto de bens pertencentes à Nação ou ao Estado, e não a particulares.

Considerando os acontecimentos internacionais, na reunião de Estocolmo sobre o meio ambiente, em 1972, a preocupação era com o meio ambiente como um todo. Somente na década de 1970 começamos realmente a perceber o problema da água no Brasil em relação à qualidade e também à quantidade. No final da década de 1970 e início da década de 1980, os profissionais brasileiros começaram a pensar em gerenciar a água. Desse modo, nesse período tivemos alguns seminários, inclusive internacionais, sobre o gerenciamento desse recurso.

Voltando um pouco no tempo, a opção brasileira desde 1934, com o Código de Águas, foi de que as águas do país se destinassem principalmente à geração de energia elétrica. Por isso, quem administrava as águas era o setor elétrico, ou seja, o gerenciamento era feito por um usuário da água. O mesmo órgão que dava aos concessores e controlava a energia elétrica era responsável pelo gerenciamento da água, que na época era o Departamento Nacional de Energia Elétrica (DNAEE).

Obviamente que a relação de equilíbrio entre o desenvolvimento econômico e a maior demanda sobre a água não deu certo. O DNAEE precisava de ajuda, mas não abria mão de ser a liderança maior, além de ser respaldado por prioridades, como a geração de energia. Assim, as décadas de 1970 e 1980 passaram.

No início da década de 1990, com a Política Nacional de Recursos Hídricos – e, por seu intermédio, com a transferência da gestão dos recursos hídricos para um órgão independente –, surgiu uma grande luta com o setor elétrico. Porém, a partir do momento em que houve de fato a separação, as coisas começaram a andar mais rapidamente e o setor elétrico começou a perceber as vantagens de uma gestão autônoma das águas, começando, então, a participar do sistema como usuário, e não como dono das águas. Paralelamente, poucos anos antes, em 1988, a Constituição Federal (Brasil, 1988), em especial com a redação do art. 225, manteve o regime de domínio da água que sempre caracterizou o direito brasileiro.

Era nítido na época da criação da Lei Magna do país que, com o tempo, seria criado o Sistema de Gerenciamento de Recursos Hídricos. Sua efetivação, contudo, veio após nove anos, com a sanção da lei federal que instituiu o sistema. Não obstante, logo após a Constituição de 1988, vieram as constituições estaduais, que, em sua maioria, também abordaram os recursos hídricos.

Em seguida, alguns brasileiros começaram a criar as leis estaduais de recursos hídricos, como o Estado de São Paulo, cuja lei é de 1991, e o Rio Grande do Sul, de 1992. Tanto em nível estadual quanto federal, o Rio Grande do Sul foi pioneiro na criação dos comitês de bacias hidrográficas no país.

Em 1995, o governo federal sinalizou a importância do gerenciamento de recursos hídricos a partir do momento em que criou a Secretaria de Recursos Hídricos (SRH), ou seja, um órgão federal com a atribuição de gerenciar as águas. A partir de então ocorreram mudanças institucionais. Por exemplo: ao mesmo tempo em que a SRH era responsável pelo gerenciamento dos recursos hídricos, também cuidava da irrigação no país, o que indica que saímos do perfil de usuário e passamos a ser um órgão de gestão de recursos hídricos, ficando atrelados a outro usuário.

A partir de 1999, a área de irrigação foi para o Ministério da Integração Nacional e a SRH continuou subordinada ao Ministério do Meio Ambiente, admitindo o papel de gerenciar os recursos hídricos sem usuário algum sob sua responsabilidade.

A Lei n. 9.433/1997 (Brasil, 1997), que instituiu a Política Nacional de Recursos Hídricos, foi promulgada e abrange todas as diretrizes para o funcionamento do sistema de gerenciamento dos recursos hídricos. Além disso, dispõe que a água – como um bem de domínio público, recurso natural limitado, dotado de valor econômico – tem como uso prioritário, em situações de escassez, o consumo humano e a dessedentação de animais.

A primeira pretensão da lei das águas foi descentralizar sua gestão de uso. Para tanto, elegeu a bacia hidrográfica como unidade de referência e determinou a geração de recursos financeiros que devem ser empregados na própria bacia.

A Lei de Águas faz uso de algumas expressões, que merecem destaque:

- Usuário-pagador – Considera-se usuário-pagador todo aquele que fizer uso da água; esse pagamento é independente do pagamento que normalmente é feito pelos serviços que as companhias de água cobram para fornecer água tratada.

  A ideia do usuário-pagador parte do pressuposto de que deve haver contrapartida remuneratória pela outorga do direito de uso de um recurso natural, pois a água é um bem público, portanto, de direito difuso, que pertence a toda a sociedade.

  O valor cobrado do usuário-pagador, por intermédio da cobrança do direito do uso da água, refere-se ao líquido em si, ou seja, a água. Não confunda o valor que já é pago para as companhias de saneamento pela prestação de serviço de tratamento e de distribuição de água e esgoto.

- Poluidor-pagador – O princípio do poluidor-pagador estabelece que os recursos naturais devam estar sujeitos à aplicação de instrumentos econômicos, para que o uso e o aproveitamento se processem em benefício da coletividade, definindo valor econômico ao bem natural. Quando ocorre o uso desses recursos por parte de um ou de vários entes privados ou públicos, eles devem propiciar um retorno e um favorecimento à coletividade, o direito a uma compensação financeira.

Quem polui deve arcar com o ônus da reparação. Não significa, em hipótese alguma, autorização para poluir; ao contrário, é a reparação do dano ambiental por quem causou ou deu causa a ele.

- **Poluidor-usuário-pagador** – A norma pretende que o primeiro pagador seja aquele que produza ou consuma produtos e serviços que utilizem recursos naturais, de modo a arcar com os custos da prevenção dos riscos decorrentes da produção e do consumo, arcando também com a responsabilidade pela reparação, recuperação, compensação e indenização dos danos.

Veja na Figura 6.1 as situações hídricas das regiões brasileiras.

Figura 6.1 – Regiões hidrográficas com a sua extensão e a indicação dos estados abrangidos

AMAZÔNICA
ÁREA: 3.870.000 km²
310 MUNICÍPIOS
AM, AC, RO, RR, AP, PA, MT

TOCANTINS ARAGUAIA
ÁREA: 967.059 KM²
441 MUNICÍPIOS
DF, GO, MA, MT, PA, TO

ATLÂNTICO NORDESTE OCIDENTAL
ÁREA: 254.100 KM²
232 MUNICÍPIOS
MA, PA

PARNAÍBA
ÁREA: 344.112 KM²
302 MUNICÍPIOS
AL, CE, PB, PE, PI, RN

ATLÂNTICO NORDESTE ORIENTAL
ÁREA: 287.348 KM²
781 MUNICÍPIOS
AL, CE, PB, PE, RN

SÃO FRANCISCO
641.000 KM²
578 MUNICÍPIOS
AL, BA, DF, GO, MS, PE, SE

ATLÂNTICO LESTE
ÁREA: 374.677 KM²
538 MUNICÍPIOS
BA, ES, MG, SE

PARAGUAI
ÁREA: 1.095.000 KM²
93 MUNICÍPIOS
MS, MT

PARANÁ
ÁREA: 879.860 KM²
1.499 MUNICÍPIOS
DF, GO, MG, MS, PR, SC, SP

ATLÂNTICO SUDESTE
ÁREA: 229.972 KM²
586 MUNICÍPIOS
ES, MG, RJ, SP

ATLÂNTICO SUL
ÁREA: 18.856 KM²
463 MUNICÍPIOS
PR, SC, RS

URUGUAI
ÁREA: 147.612 KM²
396 MUNICÍPIOS
RS, SC

Fonte: Lorentz; Mendes, 2010.

Conforme a Figura 6.1 aponta, existem regiões em situação crítica, o que prejudica a disponibilidade de água potável. Vemos, assim, a necessidade de aplicar imediatamente as normas protetivas dos recursos hídricos e todas as políticas públicas de recursos hídricos, saneamento e resíduos sólidos.

Outras normas também podem colaborar para a proteção dos recursos hídricos, como a proteção das áreas das margens dos rios, as Áreas de Proteção Permanente (APPs), cuja previsão consta do Código Florestal.

Vejamos aqui as resoluções da regulamentação administrativa das águas:

- Resolução Conama n. 20, de 18 junho 1986 (Brasil, 1986) – Estabelece a classificação das águas doces, salobras e salinas do território nacional.
- Resolução Conama n. 274, de 29 de novembro de 2000 (Brasil, 2001) – Define os critérios de balneabilidade em águas brasileiras.
- Resolução Conama n. 357, de 17 de março de 2005 (Brasil, 2005c) – Dispõe sobre a classificação dos corpos d'água e das diretrizes ambientais e outros.
- Resolução Conama n. 370, de 6 de abril de 2006 (Brasil, 2006) – Dá condições e padrões de lançamento de efluentes.
- Resolução Conama n. 393, de 8 de agosto de 2007 (Brasil, 2007) – Dispõe sobre o descarte contínuo de água de processo ou de produção em plataformas marítimas.
- Resolução Conama n. 396, de 3 de abril de 2008 (Brasil, 2008) – Dispõe sobre a classificação e as diretrizes ambientais para o enquadramento das águas subterrâneas.
- Código Civil – Lei n. 10.406, de 10 de janeiro de 2002 –, arts. 1288-1296 (Brasil, 2002).

A lei de águas busca preservar um dos bens mais preciosos que possuímos – a água –, componente essencial do meio ambiente. A previsão das normas, se respeitadas, certamente permitirão o uso sustentável dos recursos hídricos.

Um dos principais avanços institucionais que temos, dado pela criação da Política Nacional de Recursos Hídricos (PNRH), foi a definição da criação do Conselho Nacional de Recursos Hídricos (CNRH), que foi instituído no final de 1998. Esse conselho se reúne ordinariamente duas vezes por ano e extraordinariamente já se reuniu quatro vezes. Ainda acerca dos principais avanços, hoje temos aproximadamente mais de 20 estados que elaboram suas leis.

Em 1999 já se começava a falar na criação da Agência Nacional de Águas (ANA), que foi promulgada em julho de 2000, mas só começou a funcionar em janeiro de 2001, pois a diretoria tomou posse nos últimos dias de dezembro de 2000.

A ANA é uma autarquia sob regime especial vinculada ao Ministério do Meio Ambiente (MMA). Ela se configura como uma agência reguladora, com autonomia administrativa, estrutural e financeira vinculada, e não subordinada, ao MMA, com o objetivo de viabilizar a implementação do Plano Nacional dos Recursos Hídricos – sendo instituída pela Lei n. 9.984, de 17 de julho de 2000 (Brasil, 2000).

A ANA deve atuar na PNRH na supervisão, no controle e na avaliação de ações e atividades decorrentes do cumprimento da legislação federal hídrica. Todas as ações estão relacionadas a essa instituição, que coordena o Sistema Nacional de Gerenciamento de Recursos Hídricos (SNRH). Por exemplo: os comitês que queiram se implementar têm de se dirigir à ANA para apoio na fase de criação, a qual já apresentou três solicitações de criação de comitês em rios federais para o CNRH.

Assim, organizar a sociedade, mobilizá-la e verificar as necessidades do comitê é de responsabilidade da ANA. A Constituição de 1988 definiu os rios de domínio da União e os rios de domínio dos estados. A ANA é responsável pelos rios de domínio da União, portanto, o Rio Grande, que divide os estados de Minas Gerais e São Paulo, é um rio da União, e a responsável por seu gerenciamento é a ANA. Já o Rio Tietê, do Estado de São Paulo, está sob o gerenciamento do estado, dentro do sistema estadual de gerenciamento da água.

O art. 4º da Lei n. 9.433/1997 determina como atribuições da ANA:

- disciplinar, em caráter normativo, a implementação, a operacionalização, o controle e a avaliação dos instrumentos da PNRH;
- efetuar o planejamento e a promoção de ações destinadas a prevenir ou minimizar os efeitos de secas e inundações;
- implantar o Sistema Nacional de Informações sobre Recursos Hídricos;

- fomentar a pesquisa e a capacitação de recursos humanos para a gestão dos recursos hídricos.

Ainda deve cuidar das águas de domínio da União, efetuando a outorga do direito de uso, arrecadar, distribuir e aplicar receitas auferidas pela cobrança e fiscalizar o uso desses recursos. Além das funções mencionadas, também deve coordenar as diretrizes de planejamento dos recursos hídricos em todos os níveis federativos.

Cabe à ANA também analisar as propostas de alteração da legislação que forem pertinentes aos recursos hídricos. Esse órgão público também tem o papel de árbitro nos casos de conflitos que envolvam recursos hídricos e é responsável pela execução e implementação do PNRH e do SNRH, tendo como objetivo supervisionar, controlar, avaliar, outorgar o direito de uso de águas da União e estimular a formação de comitês de bacia (art. 3º da Lei n. 9.433/1997).

Art. 3º Constituem diretrizes gerais de ação para implementação da Política Nacional de Recursos Hídricos:

I. a gestão sistemática dos recursos hídricos, sem dissociação dos aspectos de quantidade e qualidade;

II. a adequação da gestão de recursos hídricos às diversidades físicas, bióticas, demográficas, econômicas, sociais e culturais das diversas regiões do País;

III. a integração da gestão de recursos hídricos com a gestão ambiental;

IV. a articulação do planejamento de recursos hídricos com o dos setores usuários e com os planejamentos regional, Estadual e Nacional;

v. a articulação da gestão de recursos hídricos com a do uso do solo;

vi. a integração da gestão das bacias hidrográficas com a dos sistemas estuarinos e zonas costeiras. (Brasil, 1997)

A ANA foi instalada oficialmente em 20 de dezembro de 2000. Ela representou um marco importante para a regulamentação do uso das águas aqui no Brasil. A entidade possui o cadastro de rios, lagos, barragens, aquíferos, enfim, de todos os recursos hídricos no Brasil. De âmbito federal, é integrante do Sistema Nacional de Recursos Hídricos – Lei n. 9.984, de 17 de julho de 2000, art. 30:

Art. 30. Na implementação da Política Nacional de Recursos Hídricos,

cabe aos Poderes Executivos Estaduais e do Distrito Federal, na sua esfera de competência:

i. outorgar os direitos de uso de recursos hídricos e regulamentar e fiscalizar os seus usos;

ii. realizar o controle técnico das obras de oferta hídrica;

iii. implantar e gerir o Sistema de Informações sobre Recursos Hídricos, em âmbito Estadual e do Distrito Federal;

iv. promover a integração da gestão de recursos hídricos com a gestão ambiental. (Brasil, 2000)

A ANA comprova ainda que a gestão dos recursos hídricos, de acordo com a legislação atual, deve necessariamente seguir uma política de cooperação e de integração para que o benefício também seja de todos. Além disso, é um órgão responsável por estimular e apoiar iniciativas voltadas à criação e ao fortalecimento de entes do SNRH.

■ Estudo de caso

A cobrança pelo direito do uso da água como instrumento de gestão é uma das ferramentas mencionadas na Lei Federal n. 9.433/1997 (Brasil, 1997). Para isso, essa lei determina alguns mecanismos para que a cobrança seja efetuada. Um deles é que a delimitação da área para a cobrança deve ser realizada com base na bacia hidrográfica como divisor. A lei ainda prevê a criação de um Comitê de Bacias Hidrográficas, que é quem terá o poder de decisão sobre os valores e a forma de aplicação, ficando a Agência das Águas responsável pela aplicação dos recursos arrecadados. Dos princípios que são utilizados na cobrança pelo direito de uso da água, é possível elencar dois dos principais: princípio do usuário-pagador e do poluidor-pagador (ANA, 2011).

■ Síntese

A importância da qualidade da água está bem conceituada na Política Nacional de Recursos Hídricos – a Lei n. 9.433/1997. A qualidade das águas é representada por um conjunto de características, geralmente mensuráveis, de natureza química, física e biológica. Como é um recurso comum a todos, foi necessário, para a proteção dos corpos d'água, instituir restrições legais de uso da água. Desse modo, suas características físicas e químicas devem ser mantidas dentro de certos limites, os quais são representados por padrões – valores orientadores da qualidade de água, dos sedimentos e da biota.

As resoluções e portarias pertinentes a esse tema são: Resoluções Conama n. 357/2005 (Brasil, 2005c), n. 274/2000 (Brasil, 2001), n. 344/2004 (Brasil, 2005b) e Portaria n. 518/2004 (Brasil, 2004), do Ministério da Saúde. O Conama, por meio da Resolução n. 20/1986 (Brasil, 1986), estabeleceu a classificação das águas doces, salobras e salinas por meio da definição de nove classes segundo seus usos preponderantes.

No Brasil, antes do Código das Águas – Decreto n. 24.643, de 10 de julho de 1934 (Brasil, 1934) – que é mais um regulamento legal acerca do tema, as regras estavam no Código Civil de 1916, que considerava o uso das águas um bem essencialmente privado e de valor econômico limitado.

Atualmente, a Lei n. 9.433/1997 (Brasil, 1997) institui a Política Nacional de Recursos Hídricos (PNRH). Ela tem todas as diretrizes para o funcionamento do sistema de gerenciamento dos recursos hídricos. Além disso, dispõe sobre a água como um bem de domínio público, recurso natural limitado, dotado de valor econômico, cujo uso prioritário, em situações de escassez, é o consumo humano e a dessedentação de animais.

Um dos principais avanços institucionais foi a criação do Conselho Nacional de Recursos Hídricos (CNRH) e da Agência Nacional de Águas (ANA), que é uma autarquia sob regime especial vinculada ao Ministério do Meio Ambiente (MMA). A ANA é uma agência reguladora, com autonomia administrativa, estrutural e financeira vinculada, e não subordinada, ao MMA, com o objetivo de implementar o Plano Nacional dos Recursos Hídricos, sendo instituída pela Lei n. 9.984/2000 (Brasil, 2000).

Enfim, a hidrologia é um domínio de conhecimento científico e de interesse estratégico. No Brasil, duas agências são responsáveis pela coordenação do uso de recursos hídricos. A ANA trata de questões como a outorga de exploração de recursos hídricos e da gestão de interesses conflitantes no consumo desses recursos. A outorga concede a uma entidade o direito de explorar o recurso hídrico de uma região, por exemplo, para captação de água em processos industriais. Os interesses envolvem a partilha de um recurso hídrico entre diferentes usos: abastecimento urbano, agricultura, geração de energia, uso industrial. Conforme previsto na Lei Federal de Gestão de Recursos Hídricos, a gestão desses recursos será delegada pela ANA para associações em cada microbacia hidrológica. O uso de recursos hídricos será tarifado. Como a ANEEL está interessada no potencial de geração de energia hidroelétrica (90% da energia elétrica nacional), a instalação de novas hidroelétricas e a previsão da energia disponível em um dado período dependem do conhecimento desses dados.

Questões para revisão

1. Quais são as porcentagens de salinidade das águas doces, salobras e salinas?

2. Qual é o objetivo principal da Lei de Águas?

3. A cobrança do direito de uso da água é uma exigência da Lei de Política de Recursos Hídricos, que também indica diversos instrumentos que devem ser utilizados para tal fim, fazendo uso de alguns conceitos bem específicos. Assinale a alternativa que contém os conceitos próprios da referida norma:
   a] usuário e poluidor.
   b] usuário e pagador.
   c] poluidor, recebedor, usuário e pagador.
   d] usuário, recebedor, poluidor e pagador.
   e] usuário, pagador e poluidor-pagador.

4. A Política Nacional de Recursos Hídricos foi instituída pela Lei n. 9.433/1997 (Lei de Águas – Brasil, 1997). Com relação aos fundamentos que constam do seu art. 1º, analise as afirmações a seguir:
   I. A água é um bem de domínio privado.
   II. A água é um recurso natural ilimitado, dotado de valor econômico.
   III. Em situações de escassez, o uso prioritário dos recursos hídricos é o consumo humano e a dessedentação de animais.
   IV. A gestão dos recursos hídricos deve sempre proporcionar o uso múltiplo das águas.

   Assinale a alternativa correta:
   a] Apenas as afirmações III e IV estão corretas.
   b] Apenas as afirmações I e II estão corretas.
   c] Apenas as afirmações II e III estão corretas.
   d] Apenas as afirmações II e IV estão corretas.
   e] Todas as afirmações estão corretas.

5. Entidade responsável pela política estadual de recursos hídricos em conjunto com as Agências de Água, composta de acordo com a legislação específica de cada Estado-Membro. Assinale a alternativa correta acerca de tal conceito:
   a] Conselho Estadual de Recursos Hídricos.
   b] Conselho Federal de Recursos Hídricos.
   c] Sistema Nacional de Recursos Hídricos.
   d] Sistema Estadual de Recursos Hídricos.
   e] Nenhuma das alternativas anteriores está correta.

QUESTÕES PARA REFLEXÃO

1. Verifique em sua conta de água qual o valor pago pelos serviços de coleta e distribuição de água e pela coleta do esgoto. Efetue uma comparação com a cobrança da conta de água de outras regiões. Depois, analise o resultado da Figura 6.1 (situação hídrica das regiões brasileiras) e aponte os resultados.

2. A Lei de Política Nacional de Recursos Hídricos criou vários instrumentos para viabilizar uma gestão descentralizada e participativa, congregando representantes do Poder Público, mas também usuários das águas e a sociedade civil organizada. Exemplifique um dos instrumentos criados pela LNPRH para atingir tal objetivo.

Para saber mais

O monitoramento e a avaliação da qualidade das águas superficiais e subterrâneas são fatores primordiais para a adequada gestão dos recursos hídricos, permitindo a caracterização e a análise de tendências em bacias hidrográficas. Assim, são essenciais para várias atividades de gestão, como: planejamento, outorga, cobrança e enquadramento dos cursos de água.

A avaliação da qualidade das águas superficiais em um país de dimensões continentais como o Brasil é dificultada pela ausência de redes estaduais de monitoramento em algumas unidades da federação e pela heterogeneidade das redes de monitoramento existentes no país (número de parâmetros analisados, frequência de coleta).

Com relação às águas subterrâneas, não existe uma rede nacional de monitoramento. As principais fontes de informação são, em geral, de caráter pontual e correspondem aos trabalhos desenvolvidos nas universidades e alguns estudos elaborados pelas secretarias estaduais de recursos hídricos.

Nesse contexto, a ANA realizou estudos que agregam as informações disponíveis sobre a qualidade das águas superficiais e subterrâneas do país.

Para obter mais informações, acesse:
ANA –Agência Nacional das Águas. Disponível em: <http://pnqa.ana.gov.br>. Acesso em: 10 abr. 2014.

Esse *site* reúne e divulga, de forma espontânea, dados da ANA que são de interesse coletivo ou geral, com o objetivo de facilitar o acesso à informação pública, conforme determina a Lei de Acesso à Informação – Lei n. 12.527, de 18 de novembro de 2011 (Brasil, 2011). Se a informação desejada não for encontrada nessa seção, ela poderá ser solicitada por meio de um pedido de acesso à informação, disponibilizado no item referente ao Serviço de Informações ao Cidadão (SIC).

PARA CONCLUIR...

Esperamos que esta obra seja um recurso para atender às necessidades básicas de sobrevivência das espécies em nosso planeta, pois todo ser humano tem direito a uma vida digna, o que não pode ser garantido sem água potável.

Para preservar a vida, porém, é necessário conhecê-la. Assim, neste livro fornecemos elementos para o uso sustentável dos recursos hídricos, bem como analisamos alguns conceitos que permitem entender os recursos hídricos, seu uso e sua gestão. Além disso, conhecemos as consequências que a poluição e a contaminação dos recursos hídricos causam na natureza.

Visando à proteção da água, o Brasil possui legislação própria, a qual apresentamos e analisamos aqui. Dessa forma, esperamos que, ao final da leitura, com os conhecimentos adquiridos, todos possam adotar práticas mais sustentáveis, em especial para a proteção e a preservação dos recursos hídricos.

REFERÊNCIAS

AERH – Área de Engenharia de Recursos Hídricos. Disponível em: <http://www.hidro.ufcg.edu.br>. Acesso em: 12 maio 2014.

AGOSTINHO, A. A. et al. Patterns of Colonization in Neotropical Reservoir, and Prognosis on Aging. In: TUNDISI, J. G.; STRASKRABA, M. (Ed.). **Theoretical Reservoir Ecology and its Applications.** São Carlos: Brazilian Academy of Sciences; International Institute of Ecology; Backhuys Publishers, 1999. p. 227-265.

AGOSTINHO, A. A.; GOMES, L. C.; PELICICE, F. M. Impactos dos represamentos: alterações ictiofaunísticas e colonização. In: AGOSTINHO, A. A.; GOMES, L. C.; PELICICE, F. M. (Org.). **Ecologia e manejo de recursos pesqueiros em reservatórios do Brasil.** Maringá: Eduem, 2007. p. 107-151.

AGUA – Associação Guardiã da Água. **Água e agricultura.** 2004. Disponível em: <www.agua.bio.br/botao_d_N.htm>. Acesso em: 12 maio 2014.

ÁGUA ONLINE. **Distribuição.** Disponível em: <http://www.aguaonline.net/gca/?id=71>. Acesso em: 23 set. 2014.

ALESSIO, P. **Estatística e probabilidade.** UTFPR, 2009. Notas de aula.

ALVES, J. M. P.; CASTRO, P. T. A. Influência de feições geológicas na morfologia da bacia do rio do Tanque (MG) baseada no estudo de parâmetros morfométricos e análises de padrões de lineamentos. **Revista Brasileira de Geociências,** v. 33, n. 2, p. 117-124, jun. 2003.

AMBIENTE Brasil. Disponível em: <http://www.ambientebrasil.com.br>. Acesso em: 19 nov. 2013.

_____. **O ciclo hidrológico.** Disponível em: <http://ambientes.ambientebrasil.com.br/saneamento/abastecimento_de_agua/o_ciclo_hidrologico.html>. Acesso em: 12 maio 2014.

ANA – Agência Nacional de Águas. **Disponibilidade e demandas de recursos hídricos no Brasil.** Brasília: ANA, 2007. (Caderno de Recursos Hídricos 2). Disponível em: <http://arquivos.ana.gov.br/planejamento/planos/pnrh/VF%20DisponibilidadeDemanda.pdf>. Acesso em: 14 out. 2014.

_____. **Portal da Qualidade das Águas.** Disponível em: <http://pnqa.ana.gov.br>. Acesso em: 10 abr. 2014.

ANA – Agência Nacional de Águas; PNUMA – Programa das Nações Unidas para o Meio Ambiente. **Cuidando das águas**: soluções para melhorar a qualidade dos recursos hídricos. Brasília: ANA, 2011. Disponível em: <http://www.pnuma.org.br/admin/publicacoes/texto/Cuidando_das_aguas_final_baixa.pdf>. Acesso em: 14 de out. 2014.

ATTANASIO, C. M. **Planos de manejo integrado de microbacias hidrográficas com uso agrícola**: uma abordagem hidrológica na busca da sustentabilidade. 193 f. Tese (Doutorado em Recursos Florestais) – Escola Superior de Agricultura Luiz de Queiroz, Universidade de São Paulo, Piracicaba, 2004.

AYOADE, J. O. **Introdução à climatologia para os trópicos**. 13. ed. Rio de Janeiro: Bertrand Brasil, 2010.

BACIA hidrográfica. 12 ago. 2014. Disponível em: <http://ecosustentengenharia.blogspot.com.br>. Acesso em: 22 set. 2014.

BARRELLA, W. et al. As relações entre as matas ciliares, os rios e os peixes. In: RODRIGUES, R. R.; LEITÃO FILHO, H. F. (Ed.). **Matas ciliares**: conservação e recuperação. 2. ed. São Paulo: Edusp, 2001.

BARRETO, G. B.; FORSTER, R.; BERTONI, J. Estudo da bacia hidrográfica da barragem "Monjolinho". **Bragantia**, v. 21, n. único, p. 765-776, 1962.

BARROS, M. T. L. de; BRITES, A. P. Z. **PHA2308**: hidrologia ambiental – estatística de extremos II. Disponível em: <http://webcache.googleusercontent.com/search?q=cache:9yif5HBI0rQJ:200.144.189.97/phd/LeArq.aspx%3Fid_arq%3D7798+&cd=2&hl=pt-BR&ct=clnk&gl=br>. Acesso em: 23 set. 2014.

BAYLINA, R. **Pluviógrafo**. Disponível em: <http://www.rumtor.com/pluviografo.html>. Acesso em: 12 maio 2014.

BENTES-GAMA, M. M. **Manejo de bacias hidrográficas**: artigos técnicos. Disponível em: <http://www.fazendeiro.com.br/cietec/artigos/ArtigosTexto.asp?Codigo=463>. Acesso em: 9 jul. 2014.

BLACK, R. E. et al. Presentation for the Child Health Epidemiology Reference Group of WHO and Unicef: Global, Regional, and National Causes of Child Mortality in 2008 – a Systematic Analysis. **The Lancet**, v. 375, n. 9.730, p. 1969-1987, 2010.

BONTA, J. V.; RAO, A. R. Estimating Peak Flows Small Agricultural Watersheds. **Journal of Irrigation and Drainage Engineering**, v. 118, n. 1, p. 122-37, 1992.

BORGHETTI, N. R. B. **Aquífero Guarani**: a verdadeira integração dos países do Mercosul. Curitiba: Edição dos Autores, 2004.

BORSATO, F. H.; MARTONI, A. M. Estudo da fisiografia das bacias hidrográficas urbanas no município de Maringá, Estado do Paraná. **Acta Scientiarium, Human and Social Science**, Maringá, v. 26, n. 2, p. 273-286, 2004.

BRAGA, R. Planejamento urbano e recursos hídricos. In: BRAGA, R.; CARVALHO, P. F. **Recursos hídricos e planejamento urbano e regional**. Rio Claro: Laboratório de Planejamento Municipal, 2003. p. 113.

BRASIL. Constituição (1988). **Diário Oficial da União**, Brasília, DF, 5 out. 1988.

BRASIL. Constituição da República Federativa do Brasil (1988). In: MEDAUAR, O. (Org.). **Constituição Federal**: coletânea de legislação ambiental. 2. ed. São Paulo: Editora Revista dos Tribunais, 2003a. p. 19-139.

BRASIL. Decreto n. 24.643, de 10 de julho de 1934. **Diário Oficial da União**, Poder Executivo, Brasília, DF, 27 jul. 1934. Disponível em: <http://www.planalto.gov. br/ccivil_03/decreto/D24643.htm>. Acesso em: 12 maio 2014.

_____. Lei n. 58, de 29 de dezembro de 2005. **Diário da República**, 1. série, 29 dez. 2005a. Disponível em: <http://dre.pt/ pdf1sdip/2005/12/249A00/72807310.pdf>. Acesso em: 12 maio 2014.

_____. Lei n. 9.433, de 8 de janeiro de 1997. **Diário Oficial da União**, Poder Legislativo, Brasília, DF, 9 jan. 1997. Disponível em: <http://www.planalto.gov. br/ccivil_03/leis/L9433.HTM>. Acesso em: 12 maio 2014.

_____. Lei n. 9.984, de 17 de julho de 2000. **Diário Oficial da União**, Poder Executivo, Brasília, DF, 18 jul. 2000. Disponível em: <http://www.planalto.gov.br/ccivil_03/ leis/l9984.htm>. Acesso em: 12 maio 2014.

BRASIL. Lei n. 10.406, de 10 de janeiro de 2002. **Diário Oficial da União**, Poder Legislativo, Brasília, DF, 10 jan. 2002. Disponível em: <http://www.planalto. gov.br/ccivil_03/leis/2002/l10406.htm>. Acesso em: 18 set. 2014.

BRASIL. Lei n. 12.527, de 18 de novembro de 2011. **Diário Oficial da União**, Poder Legislativo, Brasília, DF, 18 nov. 2011. Disponível em: <http://www.planalto.gov. br/ccivil_03/_ato2011-2014/2011/lei/l12527. htm>. Acesso em 18 set. 2014.

BRASIL. Ministério da Saúde. **Portaria MS n. 518, de 25 março de 2004**. Disponível em: <http://dtr2001.saude.gov.br/sas/ PORTARIAS/Port2004/GM/GM-518.htm>. Acesso em: 12 maio 2014.

BRASIL. Ministério da Saúde. Secretaria de Vigilância em Saúde. Departamento de Análise de Situação de Saúde. **Saúde Brasil 2008**: 20 anos de Sistema Único de Saúde (SUS) no Brasil. Brasília: Ministério da Saúde, 2009a.

BRASIL. Ministério do Interior. **Portaria GM n. 13, de 15 de janeiro de 1976**. Secretaria Especial do Meio Ambiente. Brasília, 1976.

BRASIL. Ministério do Meio Ambiente. Conselho Nacional de Recursos Hídricos. Resolução n. 32, de 15 de outubro de 2003. **Diário Oficial da União**, Brasília, DF, 17 dez. 2003b.

_____. Resolução n. 91, de 5 de novembro de 2008. **Diário Oficial da União**, Brasília, DF, 6 fev. 2009b. Disponível em: <http:// piranhasacu.ana.gov.br/resolucoes/ resolucaoCNRH_91_2008.pdf>. Acesso em: 21 ago. 2014.

BRASIL. Resolução Conama n. 20, de 18 de junho de 1986. **Diário Oficial da União,** Brasília, DF, 30 jul. 1986. Disponível em: <http://www.mma.gov.br/port/conama/res/res86/res2086.html>. Acesso em: 12 maio 2014.

_____. Resolução Conama n. 274, de 29 de novembro de 2000. **Diário Oficial da União**, Brasília, DF, 25 jan. 2001. Disponível em: <http://www.mma.gov.br/port/conama/legiabre.cfm?codlegi=272>. Acesso em: 12 maio 2014.

_____. Ministério do Meio Ambiente. Conselho Nacional do Meio Ambiente. Resolução Conama n. 344, de 25 de março de 2004. **Diário Oficial da União,** Brasília, DF, 7 maio 2005b. Disponível em: <http://www.mma.gov.br/port/conama/legiabre.cfm?codlegi=445>. Acesso em: 12 maio 2014.

_____. Resolução Conama n. 357, de 17 de março de 2005. **Diário Oficial da União,** Brasília, DF, 18 mar. 2005c. Disponível em: <http://www.mma.gov.br/port/conama/res/res05/res35705.pdf>. Acesso em: 12 maio 2014.

_____. Resolução Conama n. 370, de 6 de abril de 2006. **Diário Oficial da União,** Brasília, DF, 7 abr. 2006. Disponível em: <http://www.mma.gov.br/port/conama/legislacao/CONAMA_RES_CONS_2006_370.pdf>. Acesso em: 14 out. 2014.

_____. Resolução Conama n. 393, de 8 de agosto de 2007. **Diário Oficial da União,** Brasília, DF, 9 ago. 2007. Disponível em: <http://www.mma.gov.br/port/conama/res/res07/res39307.pdf>. Acesso em: 17 set. 2014.

BRASIL. Resolução Conama n. 396, de 3 de abril de 2008. **Diário Oficial da União,** Brasília, DF, 7 abr. 2008. Disponível em: <http://www.mma.gov.br/port/conama/legiabre.cfm?codlegi=562> Acesso em: 17 set. 2014.

CABRAL, J. et al. Recursos hídricos subterrâneos. In: PAIVA, J. B. D.; PAIVA, E. M. C. D. (Org.). **Hidrologia aplicada à gestão de pequenas bacias hidrográficas.** Porto Alegre: ABRH, 2001. p. 237-277.

CALIJURI, M. C.; BUBEL, A. P. M. Conceituação de Microbacias. In: LIMA, W. de P.; ZAKIA, M. J. B. (Org.). **As florestas plantadas e a água:** implementando o conceito da microbacia hidrográfica como unidade de planejamento. São Carlos: Rima, 2006. p. 226.

CARRARA, J. A. O ensino de ciências na educação de jovens e adultos. In: CASERIO, V. M. R.; BARROS, D. M. V. (Org.). **Educação de Jovens e Adultos na sociedade da informação e do conhecimento:** tecnologias e inovação. Bauru: Edusc, 2003.

CARVALHO, A. P. V.; BRUMATTI, D. V.; DIAS, H. C. T. Importância do manejo da bacia hidrográfica e da determinação de processos hidrológicos. **Revista Brasileira de Agropecuária Sustentável,** v. 2, n. 2, p. 148-156, dez. 2012. Disponível em: <http://www.rbas.com.br/pdf/revista_4_artigo_101.pdf>. Acesso em: 15 nov. 2013.

CARVALHO, D. F.; SILVA, L. D. B. Hidrologia. In: ____. **Bacia hidrográfica**. Rio de Janeiro: Univerisidade Federal do Rio de Janeiro, 2006. p. 15-36. Disponível em: <http://www.ufrrj.br/institutos/it/deng/leonardo/downloads/APOSTILA/HIDRO-Cap3-BH.pdf>. Acesso em: 18 ago. 2014.

CASTRO, P. S.; LOPES, J. D. S. **Recuperação e conservação de nascentes**. Viçosa: Centro de produções técnicas, 2001. (Série Saneamento e Meio Ambiente, n. 296).

CATARATAS do Iguaçu – oitava maravilha do mundo. Disponível em: <http://meioambiente.culturamix.com/natureza/cataratas-do-iguacu-oitava-maravilha-do-mundo>. Acesso em: 4 ago. 2014.

CERQUEIRA E FRANCISCO, W. de. **Água**. Disponível em: <http://www.brasilescola.com/geografia/agua.htm>. Acesso em: 12 maio 2014.

CHOU, S.-C. Modelo Regional ETA. **Climanálise Especial**, v. 10, out. 1996. Edição comemorativa de 10 anos.

____. **Modelo Regional ETA**. Centro de Previsão de Tempo e Estudos Climáticos (CPTEC) – Instituto Nacional de Pesquisas Espaciais (Inpe). Disponível em: <http://climanalise.cptec.inpe.br/~rclimanl/boletim/cliesp10a/27.html>. Acesso em: 12 maio 2014.

CHOW, V. T. **Open-channel Hydraulics**. New York: McGraw-Hill Book Co., 1954.

CHOW, V. T.; MAIDMENT, D. R.; MAYS, L. W. **Applied Hydrology**. New York: McGraw-Hill, 1988.

CHRISTOFOLETTI, A. **Geomorfologia**. São Paulo: Edgard Blücher, 1980.

COLLISCHONN, W.; TASSI, R. **Introduzindo hidrologia**. Porto Alegre: UFRGS, 2008.

CONEXÃO QUÍMICA. **Distribuição de água na natureza**, 2011. Disponível em: <http://conexaoquimica.blogspot.com.br>. Acesso em: 21 ago. 2014.

DNAEE – Departamento Nacional de Águas e Energia Elétrica. **Manual de pequenas centrais hidrelétricas**. Rio de Janeiro: Ministério das Minas e Energia, 1985.

DOMÍNIO Público. Disponível em: <http://www.dominiopublico.gov.br/pesquisa/PesquisaObraForm.jsp>. Acesso em: 12 maio 2014.

DONADIO, N. M. M.; GALBIATTI, J. A.; PAULA, R. C. de. Qualidade da água de nascentes com diferentes usos do solo na bacia hidrográfica do Córrego Rico, São Paulo, Brasil. **Engenharia Agrícola**, Jaboticabal, v. 25, n. 1, p. 115-125, jan./abr. 2005. Disponível em: <http://www.scielo.br/pdf/eagri/v25n1/24877.pdf>. Acesso em: 12 maio 2014.

DUTRA, C. S. et al. **Estudo comparativo dos escoamentos superficiais na calha do Ribeirão Arrudas em Belo Horizonte – Minas Gerais**. 12 ago. 2010. Disponível em: <http://mundogeo.com/blog/2010/08/12/estudo-comparativo-dos-escoamentos-superficiais-na-calha-do-ribeirao-arrudas-em-belo-horizonte-minas-gerais/>. Acesso em: 12 maio 2014.

ECOSUSTENT. Disponível em: <ecosustentengenharia.blogpsot.com.br>. Acesso em: 10 jan. 2015.

EDUCAREDE. Disponível em: <http://www.educarerede.org.br>. Acesso em: 12 maio 2014.

ESTAÇÃO Metereológica da FCT/Unesp. **Pluviômetro.** 14 jun. 2011. Disponível em: <http://estacaometeorologicafctunesp. blogspot.com.br/2011/06/pluviometro. html>. Acesso em: 12 maio 2014.

EUCLYDES, H. P. **Saneamento agrícola:** atenuação das cheias – metodologia e projeto. Belo Horizonte: Ruralminas, 1986.

FARIA, A. M. J. B. **Gerenciamento de recursos hídricos.** Curitiba: Instituto Federal do Paraná; Rede e-Tec Brasil, 2013.

FAUSTINO, J. **Planificación y gestión de manejo de cuencas.** Turrialba: Catie, 1996.

FAUSTINO, J.; JIMÉNEZ, F. **Experiencias internacionales de los organismos de cuencas:** programas Focuencas II. Costa Rica: Catie, 2005. p. 76.

FECOMERCIO – Federação do Comércio do Estado de São Paulo. **O uso racional da água no comércio.** 2009. Disponível em: <http://planetasustentavel.abril.com. br/download/cartilha_uso_racional_ da_agua_no_comercio.pdf>. Acesso em: 21 ago. 2014.

FERNANDES, C. Chuvas. In: _____. **Microdrenagem:** um estudo inicial. Campina Grande: Universidade Federal da Paraíba, 2002. Disponível em: <http:// www.dec.ufcg.edu.br/saneamento/ Dren02.html>. Acesso em: 9 jul. 2014.

FETTER, C. W. **Applied Hydrogeology.** 3. ed. New Jersey: Prentice Hall, 1994.

FRANCISCO, C. **Maquete de bacia hidrográfica – watershed models.** 2011. Disponível em: <http:// www.youtube. com/watch?v=rFBXFq9dMNE&feature= colike>. Acesso em: 22 abr. 2013.

FRANCISCO, W. de C. e. **Principais bacias hidrográficas do Brasil.** Disponível em: <http://www.brasilescola.com/brasil/ principais-bacias-hidrograficas-brasil. htm>. Acesso em: 12 maio 2014.

GEO – Conceição. **Bacias hidrográficas do Brasil.** 2011. Disponível em: <http:// geoconceicao.blogspot.com.br/2011/08/ bacias-hidrograficas-do-brasil.html>. Acesso em: 13 nov. 2013.

GOLDENFUM, J. A. **Simulação hidrossedimentológica em pequenas bacias rurais.** 133 f. Dissertação (Mestrado em Recursos Hídricos e Saneamento) – Universidade Federal do Rio Grande do Sul, Porto Alegre, 1991.

GONÇALVES, C. S. et al. Qualidade da água numa microbacia hidrográfica de cabeceira situada em região produtora de fumo. **Revista Brasileira de Engenharia Agrícola e Ambiental,** Campina Grande, v. 9, n. 3, p. 391-399, jul./set. 2005. Disponível em: <http://www.scielo.br/ scielo.php?script=sci_arttext&pid= S1415-43662005000300015>. Acesso: 12 maio 2014.

GRAN, R.; LESLIE, J. **NASA's NPP Satellite Acquires First VIIRS Image.** 22 nov. 2011. Disponível em: <http://www. nasa.gov/mission_pages/NPP/news/ viirs-firstlight.html>. Acesso em: 22 mar. 2012.

GUIMARÃES, A. J. A.; CARVALHO, D. F.; SILVA, L. D. B. **Saneamento básico.** Apostila digitada. 2007. Disponível em: <http://www.ufrrj.br/institutos/it/deng/leonardo/downloads/APOSTILA/Apostila%20IT%20179/Cap%201.pdf>. Acesso em: 18 set. 2014.

HEIN, M. **Espacialização de duas microbacias hidrográficas do rio Piracicaba para modelagem hidrológica.** 291 f. Dissertação (Mestrado em Engenharia Agrícola) – Faculdade de Engenharia Agrícola, Universidade Estadual de Campinas, Campinas, 2000.

HORTON, R. E. Erosional Development of Streams and Their Drainage Basins; Hydrophysical Approach to Quantitative Morphology. In: CHOW, V. T.; MAIDMENT, D. R.; MAYS, L. W. **Applied Hydrology.** New York: McGraw-Hill, 1945.

_____. The Role of Infiltration in the Hydrologic Cycle. **Transactions – American Geophysical Union,** v. 14, n. 1, p. 466-460, 1933.

IBICT – Instituto Brasileiro de Informação em Ciência e Tecnologia. Disponível em: <http://www.ibict.br>. Acesso em: 12 maio 2014.

IBGE – Instituto Brasileiro de Geografia e Estatística. Disponível em: <http://www.ibge.gov.br/home/>. Acesso em: 12 maio 2014.

IGBP – International Geosphere-Biosphere Programme. Biospheric Aspects of the Hydrological Cycle (BAHC): the Operational Plan. **Global Change Report,** Stockolm, n. 27, 1993.

ILLEA – Instituto Latino-americano de Educação Ambiental. **Aquífero Guarani.** Disponível em: <http://www.illea.org.br/ag.html>. Acesso em: 23 set. 2014.

INPE – Instituto Nacional de Pesquisas Espaciais; CPTEC – Centro de Previsão de Tempo e Estudos Climáticos. **Produtos operacionais.** Disponível em: <http://www.cptec.inpe.br/prevnum>. Acesso em: 12 maio 2014.

IRYDA. **Disenoy construccion de pequenos embalses.** Madrid: Ministério de Agricultura, Pesca y Alimentacion, 1986.

JACCON, G.; CUDO, K. J. **Curva-chave, análise e traçado.** Brasília: Ministério das Minas e Energia, 1989.

KAWANISHI, T. et al. TRMM Precipitation Radar. **Advances in Space Research,** v. 25, n. 5, p. 969-972, 2000.

LALY, C. M.; PARSONS, T. R. **Biological Oceanography:** an Introduction. Vancouver: Butterworth-Heinemann, 1993.

LEONARDO, H. C. L. **Indicadores de qualidade de solo e água para avaliação do uso sustentável da microbacia hidrográfica do rio Passo CUE, região Oeste do Estado do Paraná.** 121 f. Dissertação (Mestrado em Recursos Florestais) – Escola Superior de Agricultura Luiz de Queiroz, Universidade de São Paulo, Piracicaba, 2003.

LIKENS, G. E. **The Ecosystem Approach:** its Use and Abuse. Oldenhorf/Luhe: Ecology Institute, 1992.

LIMA, L. C. de. **Processo de planejamento e implantação do Parque Natural Municipal de Lages, com ênfase na conservação de bacias hidrográficas e percepção da comunidade do entorno.** 186 f. Tese (Doutorado em Engenharia Ambiental) – Universidade Federal de Santa Catarina, Florianópolis, 2007. Disponível em: <http://repositorio.ufsc.br/xmlui/handle/123456789/90119>. Acesso em: 12 maio 2014.

LIMA, R. A. P. **A ação do homem nos ecossistemas.** Rio de Janeiro: FGV, 1979.

LIMA, W. de P. **Hidrologia florestal aplicada ao manejo de bacias hidrográficas.** 2. ed. Piracicaba: Escola Superior de Agricultura Luiz de Queiroz, 2008.

_____. Introdução à hidrologia florestal. In: _____. **LCF 678:** manejo de bacias hidrográficas. São Paulo: Esalq, 1996. p. 6-31. Disponível em: <http://blog.fimes.edu.br/gildomar/files/2010/04/Hidrologia-Unidades.pdf>. Acesso em: 16 out. 2014.

LIMA, W. de P.; ZAKIA M. J. B. Hidrologia de matas ciliares. In: RODRIGUES, R. R.; LEITÃO FILHO, H. F. (Ed.). **Matas ciliares:** conservação e recuperação. 2. ed. São Paulo: Edusp, 2000. p. 33-43.

LNEG – Laboratório Nacional de Energia e Geologia. **Água subterrânea:** conhecer para proteger e preservar. 2001. Disponível em: <http://www.lneg.pt/CienciaParaTodos/edicoes_online/diversos/agua_subterranea/texto>. Acesso em: 12 maio 2014.

LORENTZ, J. F.; MENDES, P. A. B. A água e sua distribuição espacial. **Revista das Águas**, ano 4, n. 10, dez. 2010.

MACHADO, R. E. **Simulação de escoamento e produção de sedimento em uma microbacia hidrográfica utilizando técnicas de modelagem e geoprocessamento.** 152 f. Tese (Doutorado em Agronomia) – Escola Superior de Agricultura Luiz de Queiroz, Universidade de São Paulo, Piracicaba, 2002.

MARENGO, J. A. Água e mudanças climáticas. **Estudos Avançados** [on line], São Paulo, v. 22, n. 63, p. 83-96, 2008. Disponível em: <http://www.scielo.br/pdf/ea/v22n63/v22n63a06.pdf>. Acesso em: 12 maio 2014.

MARTINS, F. B. et al. Zoneamento ambiental da sub-bacia hidrográfica do Arroio Cadena, Santa Maria (RS). Estudo de caso. **Cerne**, Lavras, v. 11, n. 3, p. 315-322, jul./set. 2005.

MARTINS, S. **Manuais de alguns instrumentos meteorológicos utilizados na EM-IAG-USP:** registradores. 2011. Disponível em: <http://stoa.usp.br/samanthansm/weblog/93057.html>. Acesso em: 9 jul. 2014.

MEINZER, F. C. et al. Atmospheric and Hydraulic Limitation on Transpiration in Brazilian Cerrado Woody Species. **Functional Ecology**, v. 13, p. 273-282, Apr. 1999. Disponível em: <http://onlinelibrary.wiley.com/doi/10.1046/j.1365-2435.1999.00313.x/pdf>. Acesso em: 12 maio 2014.

MENDONÇA, A. S. F. **Hidrologia**. 2009. Apostila digitada. Disponível em: <http://www.ebah.com.br/content/ABAAAAqrQAC/apostila-hidrologia>. Acesso em: 13 set. 2013.

MMA – Ministério do Meio Ambiente. Disponível em: <http://www.mma.gov.br/>. Acesso em: 12 maio 2014.

MMA – Ministério do Meio Ambiente. Secretaria de Biodiversidade e Florestas. **Áreas prioritárias para conservação, uso sustentável e repartição de benefícios da biodiversidade brasileira**: atualização – Portaria MMA n. 9, de 23 de janeiro de 2007. Brasília: Ministério do Meio Ambiente, 2007. (Série Biodiversidade, 31). Disponível em: <http://www.mma.gov.br/estruturas/chm/_arquivos/biodiversidade31.pdf>. Acesso em: 14 out. 2014.

MMA – Ministério do Meio Ambiente; ANA – Agência Nacional de Águas; PNUMA – Programa das Nações Unidas para o Meio Ambiente. **Geo Brasil**: recursos hídricos – resumo executivo. Brasília: MMA; ANA, 2007. (Série Temática Geo Brasil: Geo Brasil Recursos Hídricos).

MOKHTAR, G. **História geral da África II**: África Antiga. 2. ed. rev. Brasília: Unesco, 2010.

MONTEBELLER, C. A. **Influência dos perfis de precipitação nas perdas de solo e água**. 87 f. Tese (Doutorado em Engenharia Agrícola) – Universidade Federal de Viçosa, Viçosa, 2009. Disponível em: <http://www.tede.ufv.br/tedesimplificado/tde_arquivos/12/TDE-2009-11-23T095527Z-2056/Publico/texto%20completo.pdf>. Acesso em: 14 out. 2014.

MOSCA, A. A. de O. **Caracterização hidrológica de duas microbacias visando à identificação de indicadores hidrológicos para o monitoramento ambiental do manejo de florestas plantadas**. 96 f. Dissertação (Mestrado em Recursos Florestais) – Escola Superior de Agricultura Luiz de Queiroz, Universidade de São Paulo, Piracicaba, 2003.

MOSCHEN, C. **Visita técnica**. 2011. Disponível em: <http://crismoschen.blogspot.com.br/2011/07/visita-tecnica.html>. Acesso em: 9 jul. 2014.

MOTA, S. **Preservação e conservação de recursos hídricos**. 2. ed. Rio de Janeiro: Associação Brasileira de Engenharia Sanitária e Ambiental, 1995.

MÜLLER, A. **Precipitation Gauges and Recorders**. Disponível em: <http://www.rfuess-mueller.de/221-0E.pdf>. Acesso em: 12 maio 2014.

MUNDO GEO. Disponível em: <http://mundogeo.com/>. Acesso em: 12 maio 2015.

NAGHETTINI, M. **Engenharia de Recursos Hídricos**. Belo Horizonte: Universidade Federal de Minas Gerais, 1999.

NAGHETTINI, M.; PINTO, É. J. A. **Hidrologia estatística**. Belo Horizonte: CPRM, 2007.

NAVARRO, L. **A distribuição da água no planeta**. 15 nov. 2010. Disponível em: <http://conectegeo.blogspot.com.br/2010/11/distribuicao-da-agua-no-planeta.html>. Acesso em: 21 ago. 2014.

NOVA ESCOLA. Gente que educa. **Série sobre água – Plano de aula 3:** o uso da água. Disponível em: <http://www.gentequeeduca.org.br/planos-de-aula/serie-sobre-agua-plano-de-aula-3-o-uso-da-agua>. Acesso em: 21 ago. 2014.

NUNES, M. F. R.; CORSINO, P.; DIDONET, V. **Educação infantil no Brasil:** primeira etapa da educação básica. Brasília: Ministério da Educação; Fundação Orsa, 2011.

OCUPAÇÃO antrópica: bacias hidrográficas. **Blog da Biologia à Geologia,** 28 mar. 2009. Disponível em: <http://soraiabiogeo.blogs.sapo.pt/7683.html>. Acesso em: 12 maio 2014.

OLIVEIRA, L. F. C. et al. Rotina computacional para a determinação da velocidade de sedimentação das partículas do solo em suspensão no escoamento superficial. **Engenharia Agrícola,** Jaboticabal, v. 25, n. 1, p. 126-136, jan./abr. 2005. Disponível em: <http://www.scielo.br/pdf/eagri/v25n1/24878.pdf>. Acesso em: 5 maio 2013.

OLIVEIRA, R. S. **Propriedades de escala no escoamento de fluido em meio poroso modelado por empacotamento Apoloniano.** 88 f. Dissertação (Mestrado em Física) – Universidade Federal da Bahia, Salvador, 2009. Disponível em: <http://www.pgif.ufba.br/disser/Textos/Rafael-Oliveira.pdf>. Acesso em: 29 set. 2014.

PANIZZA, A. C. **Imagens orbitais, cartas e coremas:** uma proposta metodológica para o estudo da organização e dinâmica espacial – aplicação ao município de Ubatuba, Litoral Norte, Estado de São Paulo, Brasil. 302 f. Tese (Doutorado em Geografia) – Universidade de São Paulo, São Paulo, 2004.

PARAÍBA (Estado). Agência Executiva de Gestão das Águas do Estado da Paraíba. **Gestão de Recursos Hídricos no Estado da Paraíba.** João Pessoa, fev. 2007. Disponível em: <http://www.aesa.pb.gov.br/gestao/>. Acesso em: 12 abr. 2014.

PARANÁ (Estado). Secretaria da Educação. Portal Dia a Dia Educação. **Água.** 2009. Disponível em: <http://www.educadores.diaadia.pr.gov.br/modules/mylinks/viewcat.php?cid=0&letter=A&min=410&orderby=titleA&show=10>. Acesso em: 23 set. 2014.

PATROCÍNIO, S. F. do. **Previsão de secas prolongadas para o Nordeste brasileiro.** Disponível em: <http://www.rematlantico.org/Members/suassuna/projetos/previsao-de-secas-prolongadas-para-o-nordeste-brasileiro>. Acesso em: 20 ago. 2014.

PEREIRA, S. B. et al. Desprendimento e arraste do solo pelo escoamento superficial. **Revista Brasileira de Engenharia Agrícola e Ambiental,** Campina Grande, v. 7, n. 3, p. 423-429, 2013. Disponível em: <http://www.scielo.br/pdf/rbeaa/v7n3/v7n3a03>. Acesso em: 10 maio 2013.

PICK-UPAU – Brasil. **Uso racional da água**. 2008. Disponível em: <http://www.pick-upau.org.br/mundo/mutirao_azul_guarapiranga/mutirao_azul_uso_racional.htm>. Acesso em: 12 jul. 2014.

PINTO, F. A. et al. Equações de chuvas intensas para algumas localidades do Estado de Minas Gerais. **Engenharia Agrícola**, v. 16, n. 1, p. 91-104, 1999.

PNUD – Programa das Nações Unidas para o Desenvolvimento. **Relatório do Desenvolvimento Humano 2006**: A água para lá da escassez – poder, pobreza e a crise mundial da água. Resumo. 2006. Disponível em: <http://hdr.undp.org/sites/default/files/hdr2006_portuguese_summary.pdf>. Acesso em: 5 dez. 2013.

PONCE, V. M. **Engineering Hydrology**: Principles and Practice. Englewood Cliffs, New Jersey: Prentice Hall, 1989.

PORTAL do Professor. Disponível em: <http://portaldoprofessor.mec.gov.br>. Acesso em: 13 nov. 2013

PORTAL SÃO FRANCISCO. Disponível em: <http://www.portalsaofrancisco.com.br>. Acesso em: 12 maio 2014a.

_____. **Hidrografia do Brasil**. Disponível em: <http://www.portalsaofrancisco.com.br/alfa/meio-ambiente-agua/hidrografia-do-brasil.php>. Acesso em: 12 maio 2014b.

PORTO, R. Drenagem urbana. In: TUCCI, C. E. M. **Hidrologia**: ciência e aplicação. 2. ed. 1. reimp. Porto Alegre: Ed. Universidade, 2000.

PRADO, R. B.; NOVO, E. M. L. de M.; FERREIRA, C. E. G. Mapeamento e caracterização dos fatores fisiográficos da bacia hidrográfica de contribuição para o reservatório de Barra Bonita – SP. **Caminhos de Geografia**, Uberlândia, v. 11, n. 36, p. 237-257, dez. 2010. Disponível em: <http://ainfo.cnptia.embrapa.br/digital/bitstream/item/26173/1/RCG-2010-1177.pdf>. Acesso em: 12 maio 2012.

PRUSKI, F. F. **Conservação de solo e água**: práticas mecânicas para o controle da erosão hídrica. 1. reimp. Viçosa: UFV, 2008.

RAUDKIVI, A. J. **Hidrology**. Oxford: Pergamon Press, 1979.

REBOUÇAS, A. da C.; BRAGA, B.; TUNDISI, J. G. (Org.). **Águas doces no Brasil**. São Paulo: Escrituras Editora, 1999.

REICHERT, J. M.; CABEDA, M. S. Salpico de partículas e escoamento superficial. **Revista Brasileira de Ciência do Solo**, Campinas, v. 16, n. 3, p. 390-396, 1992.

REMA BRASIL. Disponível em: <http://www.remabrasil.org>. Acesso em: 12 maio 2014.

REPORTAGEM denuncia garimpo. 19 out. 2011. Disponível em: <http://ecosdaselva.wordpress.com/tag/garimpeiros>. Acesso em: 14 out. 2014.

RIBEIRO, F. **Principais tipos de chuvas**. 30 nov. 2011. Disponível em: <http://geoecoisas.blogspot.com.br/2011/11/principais-tipos-de-chuvas.html>. Acesso em: 12 maio 2014.

RIO GRANDE DO SUL (Estado). Prefeitura Municipal de Pelotas. SANEP – Serviço Autônomo de Saneamento de Pelotas. **Ciclo da água**. Disponível em: <http://www.pelotas.rs.gov.br/sanep/informe/ciclo-da-agua>. Acesso em: 7 ago. 2014.

ROCHA, G. A. et al. Hidrogeologia da bacia de São Paulo. In: Instituto de Geociências USP; Sociedade Brasileira de Geologia. Workshop Geologia da Bacia de São Paulo. **Atas**, 1989. p. 44-49.

SABER – O Portal do Conhecimento. Disponível em: <http://www.teses.usp.br/index.php?option=com_content&view=article&id=61&Itemid=165>. Acesso em: 12 maio 2014.

SANEPAR – Companhia de Água e Saneamento do Paraná. Disponível em: <http://site.sanepar.com.br>. Acesso em: 9 abr. 2014.

SANTANA, D. P. **Manejo integrado de bacias hidrográficas**. Sete Lagoas: Embrapa Milho e Sorgo, 2003.

SANTOS, T. A. P. dos. Você sabe quanta água você usa? **Saúde, Segurança do Trabalho e Meio Ambiente**, 17 jul. 2011. Disponível em: <http://maesso.wordpress.com/2011/07/17/voce-sabe-quanta-agua-voce-usa>. Acesso em: 21 ago. 2014.

SÃO PAULO (Estado). Federação do Comércio do Estado de São Paulo. **O uso racional da água no comércio**. 2009. Disponível em: <http://planetasustentavel.abril.com.br/download/cartilha_uso_racional_da_agua_no_comercio.pdf>. Acesso em: 21 ago. 2014.

SÃO PAULO (Estado). Prefeitura do Município de São Paulo. Secretaria de Vias Públicas. **DP-H14**: Diretrizes de Projeto para Hidráulica em Drenagem Urbana. São Paulo: Superintendência de Projetos e Obras, 1999. Disponível em: <http://www.prefeitura.sp.gov.br/cidade/secretarias/upload/infraestrutura/NORMAS%20T%C3%89CNICAS%20INSTRU%C3%87%C3%95ES%20NOVAS/Hidr%C3%A1ulica%20e%20drenagem%20urbana/DH-H14.pdf>. Acesso em: 18 ago. 2013.

SÃO PAULO (Estado). Secretaria de Estado do Meio Ambiente. **Cadernos da Mata Ciliar**. São Paulo: Secretaria de Estado do Meio Ambiente, 2009. Disponível em: <http://www.sigam.ambiente.sp.gov.br/sigam2/repositorio/259/documentos/cadnascentes.pdf>. Acesso em: 15 out. 2014.

SCHONS, S. M. A questão ambiental e a condição da pobreza. **Revista Katálysis**, Florianópolis, v. 15, n. 1, p. 70-78. jan./jun. 2012. Disponível em: <http://www.scielo.br/scielo.php?pid=S1414-49802012000100007&script=sci_arttext>. Acesso em: 12 maio 2014.

SCHWAB, G. O. et al. **Soil and Water Conservation Engineering**. 2. ed. New York: Johm Wiley, 1966. (The Fergunson Foundation Agricultural Engineering Series).

SCOFIELD, R. A. Comments on "A Quantitative Assessment of the NESDIS Auto-Estimator". **Weather and Forecasting**, v. 16, n. 1, p. 277-278, 2001.

SCOFIELD, R. A. The NESDIS Operational Convective Precipitation Technique. **Monthly Weather Review**, v. 115, n. 8, 1773-1792, 1987.

SCS – Serviço de Conservação de Solo. **Manual Nacional de Engenharia**. Cap. 4, Hidrologia. S.l.: USDA, 2008. Disponível em: <http://directives.sc.egov.usda.gov/viewerFS.aspx?id=2572>. Acesso em: 23 abr. 2009.

SEBRAE – Serviço Brasileiro de Apoio às Micro e Pequenas Empresas. **Centro de Documentação e Informação.** Disponível em: <http://portal.rn.sebrae.com.br/pagina.php?id=21>. Acesso em: 12 maio 2014.

SGARBI, G. N. C. (Org.). **Petrografia macroscópica das rochas ígneas, sedimentares e metamórficas.** Belo Horizonte: UFMG, 2007.

SGARBI, L. Por uma gota. **União Nacional em Defesa de Consumidores Consorciados e Usuários do Sistema Financeiro.** Disponível em: <http://www.unicons.org.br/openDocument.php?m=art&id=257>. Acesso em: 12 maio 2014.

SHERMAN, I. K. Streamflow from Rainfall by the Unit Hydrograph Method. **Engineering News Record**, n. 108, p. 501-505, 1932.

SHIKLOMANOV, I. A. World Freshwater Resources. In: GLEYCK, P. H. **Water in Crisis**: a Guide to the World's Freshwater Resources. New York: Oxford University Press, 1993.

SHIMAKURA, S. **A distribuição normal.** 2005. Disponível em: <http://leg.ufpr.br/~silvia/CE701/node36.html>. Acesso em: 18 ago. 2014.

SILVA, A. M. da; MELLO, C. R. de. **Hidrologia.** Disponível em: <http://www.deg.ufla.br/site/_adm/upload/file/Hidrologia%20I/Introducao_HIDROLOGIA_2.pdf>. Acesso em: 16 set. 2013.

SILVA, C. R. da et al. **Drenagem e recursos hídricos.** 2009. Disponível em: <http://www.ebah.com.br/content/ABAAAfkM8AB/bacias-drenagem-hidrograficas>. Acesso em: 16 set. 2013.

SILVA, J. M. A. **Metodologia para obtenção do hidrograma de escoamento superficial ao longo de uma encosta.** 64 f. Dissertação (Mestrado em Engenharia Agrícola) – Universidade Federal de Viçosa, Viçosa, 1999.

SILVA, J. M. A. et al. Metodologia para obtenção do hidrograma de escoamento superficial em encostas e canais: Parte II – modelo computacional e análise de sensibilidade. **Engenharia Agrícola**, Jaboticabal, v. 26, n. 3, p. 704-712, set./dez. 2006. Disponível em: <http://www.scielo.br/scielo.php?pid=S0100-69162006000300006&script=sci_arttext>. Acesso em: 16 set. 2013.

SILVA, J. M. A. et al. Modelo para a obtenção do hidrograma de escoamento superficial em bacias hidrográficas. **Revista Brasileira de Ciências Agrárias,** Recife, v. 4, n. 2, p. 192-197, abr./jun. 2009. Disponível em: <http://www.agraria.pro.br/sistema/index.php?journal=agraria&page=article&op=view&path%5B%5D=218&path%5B%5D=316>. Acesso em: 15 out. 2014.

SMEDEMA, L. K.; RYCROFT, D. W. **Land Drainage**: Planning and Design of Agricultural Drainage Systems. New York: Cornell University Press, 1983.

SOUZA, A. C. M.; SILVA, M. R. F.; DIAS, N. S. Gestão de recursos hídricos: o caso da bacia hidrográfica Apodi-Mossoró (RN). **Irriga**. São Paulo, 2012. 1 CD-ROM. Aplicativo. Ed. esp. p. 280-296.

SOUZA, E. S. et al. Efeito do encrostamento superficial nas propriedades hidráulicas de um solo cultivado. **Revista Brasileira de Ciências Agrárias**, Recife, v. 2, n. 1, p. 69-74, jan./mar. 2007. Disponível em: <http://www.redalyc.org/pdf/1190/119017336012.pdf>. Acesso em: 5 maio 2013.

SOUZA, J. A. de. **Curso hidrologia aplicada**. Cap. 1. Apostila digitada. Disponível em: <http://www.ebah.com.br/content/ABAAABPSMAH/apostila-hidrologia-aplicada-cap-1>. Acesso em: 13 set. 2013.

SOUZA, J. A. de. **Simulação da cobrança de água subterrânea na bacia do Rio Paraíba** – PB. 143 f. Dissertação (Mestrado em Engenharia Civil) – Universidade Federal de Campina Grande, Campina Grande, 2010. Disponível em: <http://www.hidro.ufcg.edu.br/twiki/pub/ASUB0/Publica%EF%BF%BD%EF%BF%BDesAsub/Dissertao-Augusto.pdf>. Acesso: 12 jul. 2014.

STRAHLER, A. N. Quantitative Geomorphology of Drainage Basins and Channel Networks. In: CHOW, V. T.; MAIDMENT, D. R.; MAYS, L. W. **Applied Hydrology**. New York: McGraw-Hill, 1964.

TARGA, M. dos S. et al. Urbanização e escoamento superficial na bacia hidrográfica do Igarapé Tucunduba, Belém, PA, Brasil. **Revista Ambiente e Água**, Taubaté, v. 7, n. 2, p. 120-142, 2012. Disponível em: <http://dx.doi.org/10.4136/ambi-agua.905>. Acesso em: 12 maio 2014.

TASSI, R. Determinação do parâmetro CN para sub-bacias urbanas do Arroio Dilúvio – Porto Alegre/RS. In: SIMPÓSIO DE RECURSOS HÍDRICOS DO SUL-SUDESTE, 1., 2006, Curitiba. **Anais...** Curitiba: SRHSSE, 2006. Disponível em: <http://www.rhama.net/download/artigos/artigo46.pdf>. Acesso em: 18 maio 2013.

_____. **Notas de aula de hidrologia**. Disponível em: <http://www.ebah.com.br/content/ABAAAAfYgAH/hidrologia?part=4>. Acesso em: 12 maio 2014.

TEIXEIRA, C. A. **Apostila de hidrologia aplicada**. Curitiba: UTFPR, 2010.

TEIXEIRA, C. A.; PROTZEK, G. **Hidrologia.** Curitiba: UTFPR, 2010.

TEODORO, V. L. I. et al. O conceito de bacia hidrográfica e a importância da caracterização morfométrica para o entendimento da dinâmica ambiental local. **Revista Uniara**, n. 20, 2007. Disponível em: <http://www.uniara.com.br/revistauniara/pdf/20/RevUniara20_11.pdf>. Acesso em: 13 set. 2013.

TUCCI, C. E. M. **Hidrologia**: ciência e aplicação. Porto Alegre; São Paulo: Editora da UFRGS; Associação Brasileira de Recursos Hídricos; Edusp, 1993.

TUCCI, C. E. M. Impactos da variabilidade climática e o uso do solo sobre os recursos hídricos. In: FÓRUM BRASILEIRO DE MUDANÇAS CLIMÁTICAS, 2002, Brasília. **Anais...** Brasília: Agência Nacional de Águas, 2002. Disponível em: <http://www.cepal.org/samtac/noticias/documentosdetrabajo/6/23336/InBr02902.pdf>. Acesso em: 15 out. 2014.

TUNDISI, J. G. **Água do século XXI**. São Paulo: Rima, 2005.

TUNDISI, J. G. et al. A bacia hidrográfica do Tietê/Jacaré: estudo de caso em pesquisa e gerenciamento. **Estudos Avançados**, São Paulo, v. 22, n. 63, p. 159-172, 2008. Disponível em: <http://www.scielo.br/scielo.php?pid=S0103-40142008000200010&script=sci_arttext>. Acesso em: 12 maio 2014.

TUNDISI, J. G. et al. The Response of Carlos Botelho (Lobo, Broa) Reservoir to the Passage of Cold Fronts as Reflected by Physical, Chemical, and Biological Variables. **Brazilian Journal of Biology**, São Carlos, v. 64, n. 1, p. 177-186, feb. 2004. Disponível em: <http://www.scielo.br/scielo.php?pid=S1519-69842004000100020&script=sci_arttext>. Acesso em: 15 out. 2014.

TUNDISI, J. G.; MATSUMURA-TUNDISI, T. **Limnologia**. São Paulo: Oficina de textos, 2008.

TURMA de Licenciatura Plena Geografia 2013 – EAD – Uniube. **Recursos hídricos, agricultura irrigada e meio ambiente**. 2012. Disponível em: <http://licenciaturageografiauniube.blogspot.com.br/2012/07/recursos-hidricos-agricultura-irrigada.html>. Acesso em: 23 set. 2014.

UCG – Universidade Católica de Goiás. **Previsão de enchentes**. Apostila de Hidrologia Aplicada. Disponível em: <http://professor.ucg.br/SiteDocente/admin/arquivosUpload/17112/material/cap%207%20_Previsao%20de%20Enchentes_UFOP.pdf>. Acesso em: 23 set. 2014.

UFBA – Universidade Federal da Bahia. **Bacia Hidrográfica**. Apostila digitada. Disponível em: <http://www.grh.ufba.br/download/2005.2/Apostila(Cap2).pdf>. Acesso em: 23 set. 2014.

UFCG – Universidade Federal de Campina Grande. **Emil Kuickling (1848-1914)**. Disponível em: <http://www.dec.ufcg.edu.br/biografias/EmilKuic.html>. Acesso em: 12 maio 2014.

UFRJ – Universidade Federal do Rio de Janeiro. **Precipitação**. Apostila digitada. Disponível em: <http://www.ufrrj.br/institutos/it/deng/daniel/Downloads/Material/Pos-graduacao/Manejo%20e%20conservacao%20do%20solo%20e%20da%20agua/manejo%20e%20conservacao%20-%20parte%202.pdf>. Acesso em: 12 maio 2014.

UNESCO – United Nations Educational, Scientific, and Cultural Organization. **Aquatic Habitats in Integrated Urban Water Management**. Disponível em: <http://www.aquatic.unesco.lodz.pl/index.php?p=ehforuah>. Acesso em: 23 set. 2014.

_____. **The United Nations World Water Development**: Report 4. Paris, 2012.

UNESCO – United Nations Educational, Scientific, and Cultural Organization; MEC – Ministério da Cultura. **Juventude e Contemporaneidade**. Brasília: Unesco; MEC; Anped, 2007. (Coleção Educação para Todos. v. 16).

USO da água na agricultura. Disponível em: <http://planetaorganico.com.br/site/index.php/uso-da-agua-na-agricultura>. Acesso em: 12 maio 2014.

VALENTE, O. F.; GOMES, M. A. **Conservação de nascentes**: hidrologia e manejo de bacias hidrográficas de cabeceiras. Viçosa: Aprenda Fácil, 2005.

VESTENA, L. R. et al. Vazão ecológica e disponibilidade hídrica na bacia das Pedras, Guarapuava-PR. **Revista Ambiente e Água – An Interdisciplinary Journal of Applied Science**, Taubaté, v. 7, n. 3, p. 212-227, 2012. Disponível em: <http://www.scielo.br/pdf/ambiagua/v7n3/v7n3a17.pdf>. Acesso em: 16 out. 2014.

VICENTE, G. A.; DAVENPORT, J. C.; SCOFIELD, R. A. The Role of Orographic and Parallax Corrections on Real Time High Resolution Satellite Estimation. **International Journal of Remote Sensing**, v. 23, n. 2, p. 221-230, 2002.

VILELLA, S. M.; MATTOS, A. **Hidrologia aplicada**. São Paulo: McGraw-Hill do Brasil, 1975.

VITÓRIA. Prefeitura Municipal. **Praças, avenidas e praias limpas nos dias de folia do carnaval**. 2010. Disponível em: <http://www.vitoria.es.gov.br/noticias/noticia-2942>. Acesso em: 21 ago. 2014.

VOLLENWEIDER, R. A. **Scientific Fundamentals of the Eutrophication of Lakes and Flowing Waters, with Particular Reference to Nitrogen and Phosphorus as Factors in Eutrophication**. Paris: Organisation for Economic Co-operation and Development, 1968.

WIKIMEDIA Commons. **Fregadero**. Disponível em: <http://commons.wikimedia.org/wiki/File:Fregadero.jpg>. Acesso em: 21 ago. 2014a.

_____. **Usinafurnas**. Disponível em: <http://commons.wikimedia.org/wiki/File:Usinafurnas.JPG>. Acesso em: 21 ago. 2014b.

RESPOSTAS

Capítulo 1

QUESTÕES PARA REVISÃO

1. A palavra *hidrologia* origina-se das palavras gregas *hydor* (que significa "água") e *logos* (que significa "ciência"). *Hidrologia* é, pois, a ciência que estuda a água. Dessa forma, hidrologia é o estudo da água em todas as suas formas (sólida, líquida e gasosa) sobre e sob a superfície da Terra, incluindo sua distribuição e circulação, seu comportamento, suas propriedades físicas e químicas e reações com o meio.

2. As principais aplicabilidades da hidrologia no meio ambiente referem-se a fontes de abastecimento de água para uso doméstico ou industrial; projeto e construção de obras hidráulicas; drenagem; irrigação; regularização dos cursos d'água e controle de inundações; controle da poluição e preservação ambiental; controle da erosão; navegação; aproveitamento hidrelétrico; operação de sistemas hidráulicos complexos; atividades de recreação; gestão de bacias hidrográficas e preservação e desenvolvimento da vida aquática.

3. a

4. d

5. b

QUESTÕES PARA REFLEXÃO

1. Na década de 1960 – 15 anos após a Segunda Guerra Mundial –, os países da Europa começaram a perceber que as opções de desenvolvimento, industrialização e recuperação da economia pós-guerra estavam elevando a poluição, o que os fez criar mecanismos de combate e controle desse problema. Um dos exemplos desse artefato é a primeira necessidade de implantar a lei das águas, que ocorreu, provavelmente, na França, decorrente da necessidade de recuperar o estado precário do Rio Sena (ANA, 2011). Aqui no Brasil, nosso desenvolvimento foi mais lento e, portanto, só começamos a nos preocupar com as condições da água no final da década de 1970.

2. Criaram-se mecanismos para a gestão de recursos hídricos para o uso sustentável da água diante das mais diversas necessidades e também para a conservação do meio ambiente. Tal gestão pode ser definida como um conjunto de ações destinadas a regular o uso, o controle e a proteção dos recursos hídricos, em conformidade com a legislação e as normas pertinentes. Ela integra projetos e atividades com o objetivo de promover a recuperação e a preservação da qualidade e da quantidade dos recursos das bacias hidrográficas brasileiras e atua na recuperação e na preservação de nascentes, mananciais e cursos d'água em áreas urbanas e rurais.

Capítulo 2

QUESTÕES PARA REVISÃO

1. As mudanças de estado físico da água no ciclo hidrológico são fundamentais e influenciam os processos biogeoquímicos nos ecossistemas terrestres e aquáticos. A água nutre as florestas e mantém a produção agrícola e a biodiversidade nos sistemas terrestres e aquáticos. Portanto, os recursos hídricos superficiais e os recursos hídricos subterrâneos são recursos estratégicos para o homem, as plantas e os animais.

2. Há milhões de anos, quando a Terra estava se formando, a superfície do planeta era muito quente e toda a água estava na forma de vapor. O ciclo da água começou com um processo chamado *condensação*: a passagem do estado gasoso para o estado líquido. Nesse caso, a água se condensou devido à diminuição de temperatura ocorrida na superfície do planeta, o que possibilitou que o vapor de água passasse para o estado líquido. Isso acontece atualmente, por exemplo, quando o vapor de água chega a certa altura e a temperatura cai, o que faz com que a água se condense, passando, então, para o estado líquido em pequenas gotículas que vão se juntando e movimentando por causa da ação dos ventos e das correntes atmosféricas e formando as nuvens. Por fim, elas caem na forma de chuva, a precipitação. Ao cair, a água escorre da superfície por meio de linhas de água que se reúnem em direção aos rios até atingir os oceanos por meio do escoamento superficial, ou seja, ela fica novamente exposta à ação do sol que a esquenta, transformando-a por meio do processo de evaporação, isto é, da passagem do estado líquido para o gasoso. A água, ao cair, também pode tomar outro caminho. Ela pode, por meio de um processo de infiltração nos solos e nas rochas, através dos seus poros, fissuras e fraturas, chegar aos

lençóis freáticos, o que é denominado *escoamento subterrâneo* ou *percolação*. Nem toda a água precipitada alcança a superfície terrestre, já que uma parte, na sua queda, pode ser interceptada e/ou evaporar.

3. a

4. a

5. a

QUESTÕES PARA REFLEXÃO

1. A hidrologia é importante hoje, pois permite, entre outros aspectos, o dimensionamento de obras hidráulicas; a conservação, o manejo e o aproveitamento de recursos hídricos; o controle e a previsão de inundações; o controle e a previsão de eventos extremos, tais como secas e enchentes; e o controle de poluição, além de prover a qualidade ambiental.

2. Ao asfaltar uma área, o ser humano impede que a água escorra, o que aumenta a incidência de enchentes e doenças veiculadas pela água contaminada com o esgoto que vem à tona. A poluição da água também dificulta que ela evapore, atrasando os ciclos de chuvas, já que nuvens demoram a se formar. Um fenômeno que também está se tornando comum é a chuva ácida. A poluição do ar, com gases como o SO_2, NO e CO_2 emitidos por fábricas, leva tais produtos às nuvens, criando um líquido ácido pela mistura desses itens à água. Ao cair, a chuva ácida corrói prédios, monumentos, destruindo patrimônios culturais, além de, no leito dos rios, levar à morte peixes sensíveis à acidez e degradar o solo.

Capítulo 3

QUESTÕES PARA REVISÃO

1. O escoamento superficial acarreta a perda da camada superficial do solo, que poderá ocasionar, nas próximas décadas, a insuficiente produção de alimentos para suprir a população mundial. Além da camada superficial do solo, o escoamento transporta também compostos químicos, sementes e defensivos agrícolas, trazendo prejuízos financeiros para a área agrícola, podendo causar a contaminação de cursos d'água e restringindo ou até mesmo impedindo a utilização dos recursos hídricos. Atualmente, o escoamento superficial é considerado a principal forma de contaminação dos mananciais de água superficial, devido, justamente, ao transporte de sedimentos e produtos químicos, que podem ser responsáveis pela deteriorização imediata do curso d'água, ao passo que o transporte de sedimentos traz impactos negativos, como a erosão hídrica.

2. O hidrograma unitário é um hidrograma de escoamento superficial direto, resultante de uma chuva efetiva com intensidade e duração unitárias. A definição de *chuva unitária* é arbitrária; entretanto, para efeito de comparação entre hidrogramas, costuma-se manter um padrão. Uma chuva com 1 mm e 1 hora de duração, por exemplo, pode ser adotada como chuva unitária.

3. c
4. b
5. b

QUESTÕES PARA REFLEXÃO

1. Os fatores agravantes na formação das enchentes são o avanço da ocupação territorial sobre áreas historicamente sujeitas à inundação, a descaracterização da mata ciliar, o desmatamento desenfreado, o descarte irresponsável dos resíduos domiciliares sobre as encostas e nos cursos d'água, a impermeabilização dos terrenos, as obras locais de caráter imediatista e outras ações que por dezenas de anos foram praticadas pelo homem em nome do desenvolvimento econômico.

2. O uso e a ocupação nas bacias hidrográficas exercem influência marcante no escoamento superficial e no aporte de sedimentos no leito dos mananciais, podendo alterar a qualidade e a disponibilidade da água. Por isso, é fundamental realizar um plano de uso e ocupação das bacias. Contudo, quase sempre o processo de uso e ocupação do solo é desenvolvido de modo espontâneo, raramente fundamentado nas questões ambientais.

Capítulo 4

QUESTÕES PARA REVISÃO

1. Os fatores fisiográficos mais importantes para caracterizar uma bacia hidrográfica são o uso do solo, os tipos de solo, a área e a forma das bacias hidrográficas, a declividade, a elevação, a declividade do curso d'água, os tipos de redes de drenagens e a densidade de drenagem.

2. As formas das bacias podem ser circular, elíptica e radial.

3. c
4. a
5. e

QUESTÕES PARA REFLEXÃO

1. A cobertura vegetal, em particular as florestas e as culturas da bacia hidrográfica, vem juntar a sua influência à da natureza geológica dos terrenos, condicionando a maior ou a menor rapidez do escoamento superficial. Além disso, sua influência exerce-se na taxa de evaporação da bacia, com uma ação regularizadora de caudais, sobretudo nos climas secos. No entanto, no caso de grandes cheias com elevados caudais, a sua ação é, praticamente nula. Além da influência que exerce na velocidade dos escoamentos e na taxa de evaporação, a cobertura vegetal desempenha papel importante e eficaz na luta contra a erosão dos solos.

2. A importância da estatística aplicada à hidrologia é extrair informações significativas de dada massa de dados. As técnicas utilizadas em estatísticas aplicadas à hidrologia permitem avaliar a probabilidade de um fenômeno hidrológico com determinada magnitude.

Capítulo 5

QUESTÕES PARA REVISÃO

1. O homem usa a água para diversas finalidades. Podemos separar a utilidade da água em quatro grupos: público, doméstico, industrial e rural. O uso público da água é subdividido em abastecimento público e geração de eletricidade. Já a água utilizada para fins domésticos engloba uma infinidade de atividades, tais como tomar banho, escovar os dentes, lavar o rosto, fazer a barba, dar descargas sanitárias, lavar a louça, a roupa, a calçada etc. A água considerada de uso industrial é aquela utilizada para gerar energia, mover máquinas, resfriar peças, fabricar bebidas, alimentos, roupas, entre outros. Uma considerável parcela de água doce é direcionada para as indústrias. E, por fim, a água utilizada na zona rural abrange tanto o uso para a irrigação de plantações como para a criação de animais de um modo geral.

2. A vazão natural anual média de um rio ou aquífero, medida ou gerada, em sua foz ou embocadura ou em um ponto qualquer de seu curso controlado por postos ou estações hidrométricas.

3. c

4. b

5. a

QUESTÕES PARA REFLEXÃO

1. Resposta pessoal de acordo com a região do leitor. Contudo, ele deve indicar a fonte da informação.

2. O planejamento deve considerar a bacia hidrográfica como a unidade de gestão.

Capítulo 6

QUESTÕES PARA REVISÃO

1. De acordo com a Resolução n. 20, de 18 de junho de 1986, a nova classificação das águas doces, salobras e salinas do território nacional considera como águas doces as águas com salinidade igual ou inferior a 0,5%; as águas salobras variam entre 0,5% e 30%; e as salinas, com salinidade igual ou superior a 30%.

2. A Lei de Águas busca preservar um dos bens mais preciosos que possuímos – a água –, componente essencial do meio ambiente. A previsão das normas, se respeitadas, certamente permitirão o uso sustentável dos recursos hídricos.

3. e

4. a

5. a

QUESTÕES PARA REFLEXÃO

1. O leitor deve relacionar o uso e a cobrança do uso da água em pelo menos duas cidades diferentes e realizar a comparação entre a taxa de consumo e o valor pago com a taxa populacional de cada cidade.

2. Comitês de bacias hidrográficas.

SOBRE A AUTORA

Stela de Almeida Soares é doutora em Ciências Biológicas pela Universidade Federal do Paraná (UFPR), mestre em Entomologia e Conservação da Biodiversidade pela Universidade Federal da Grande Dourados (UFGD) e especialista em Gestão Ambiental também pela UFPR. Graduada em Ciências Biológicas pela Universidade Estadual de Mato Grosso do Sul (UEMS), atua como professora na pós-graduação do Centro Sul-Brasileiro de Pesquisa, Extensão e Pós-Graduação (Censupeg), além de ser bióloga e presidenta do Conselho Municipal de Meio Ambiente do Município de Paranhos, Mato Grosso do Sul.

Impressão: BSSCARD
Março/2015